偷偷告訴你
打破舒適圈的秘密

笨豬跳跳520著

青森
文化

「認知升級必帶來行為的改變」，只有深入透徹地了解一件事、一種現象、一個概念……，內心才會真正信服，進而認真地把改變後的觀念付諸行動。

這本書努力幫助那些渴望生長，但一直在苦苦掙扎的人們，讓大家在冥思後能有所頓悟，苦澀後細細回味，逐漸緩解焦灼，慢慢回甘。

所以，有關成長的秘密，希望大家能在這本書中找到答案。

周津慧

自由撰稿人、成長訓練營輔導老師

〈小人物也要 掌握戰略思維〉

歷來世人皆喜歡參看謀略書籍，歷代研習者人才輩出。今有幸看到這篇有關「戰略思維」的文章，例證及文字雖精簡，但處處到位，恰到好處。閱讀後如能將其重點加以靜心研究，可作為處事、謀略、思考的參考。現今社會事事瞬息萬變，要時時準備好自己及懂得抓緊有利時機，採取恰當應變行動。另外，有好的戰略思維，亦要有好的執行者，按照計劃做好行動、準備和謀略對策，迅速出擊，順利實施。否則，在現今商業

世界，資訊瞬間變化，時間久了，策略便要因時間的流逝而改變。這篇文章字裡行間可以提供讀者對戰略思維的思考提升。

謹此，預祝作者在寫作方面更上一層樓，他日再拜讀新著作。

王佑華醫學博士

抗衰老醫學專家

幹細胞醫學院士

辛丑年秋・2021 年 10 月

〈學會感恩，
　　讓自己走上康莊大道〉

本篇長文圍繞感恩這個主題，對什麼是感恩和知恩，如何感恩，如何知恩圖報，如何進行感恩教育等人們生活中習以為常的話題進行全面闡述、深度挖掘和透徹分析，並結合自己或他人的真實事例，穿插引人入勝的小故事，採取夾敘夾議的寫作手法，娓娓道來，以理服人，以情動人，感染力強，是一篇有關感恩及感恩教育話題的上乘之作。

姚成龍

北京大學出版社編審

為我寫推薦的名人及朋友要麼有豐富的人生閱歷，要麼熱愛閱讀，而且 80% 與我相識超過 10 年。我的寫作導師——周津慧老師的推薦是對整本書的總結，其他名人與朋友的推薦是對文章有獨到的見解。以下，請你細細品味：

〈掌握彩票中獎的方法，頭獎近在咫尺〉

這是一個很有吸引力的主題，帶給人無限遐想，也引發讀者去認真思考很多不同層面的問題。看完全文，滿腦子充斥著如果自己真的是那位中了六合彩頭獎的幸運兒，該如何有效地運用突然的天降橫財呢？香港人購買六合彩就如同飲杯奶茶，吃個麵包一般平常。這個平常的習慣是小市民為將來編織的一個美夢，雖然有點不切實際而且美夢會醒，但是有了這個夢就可以舒緩人們現實生活中的部分鬱結情緒。

小烏烏

〈興趣玩到極致，
你無限可能〉

孝感動趣

孝心能感動天地，原來亦能啟蒙我們對興趣的認識。作者原想鼓勵老爸多投入興趣——繪畫去忘卻喪妻之痛、老年的苦。但漸漸發覺興趣原來極富深意，別有洞天。故此以生花妙筆、菩薩心腸娓娓道來，介紹興趣的特徵、興趣的影響等，期望更多的有心人能認識興趣之意義、享受興趣之快樂。

緣人

〈志當存高遠——
I believe I can fly：論激勵
與自我激勵的奇妙作用〉

「相信自己能飛」——既高又遠！

高遠的志向，其動力來自哪裡？

來自滿滿的信心和師友同儕的欣賞，以及家人，甚至上司的激勵與督促！

很欣賞作者一貫的奮發圖強，更感激她以自身的奮鬥來激勵身邊的朋友，包括我！有幸成為作者的朋友，為她的善良而感恩！祝福天下志存高遠、言行一致的朋友們！

山地風

朋
友
推
薦

〈小人物也要
　　　掌握戰略思維〉

　　作者深入淺出地闡述了「戰略思維」在工作及生活上的廣泛應用，以及從縱向到橫向修煉戰略思維，值得讀者思考及參考。

梁騰丰
觀塘區議員

　　看完文章，作者把戰略的思維應用在日常生活中的例子找了出來，而且讓人不得不承認彷彿已經在人群裡基本應用，只是用的不以為意。

　　作者總結了戰略思維在於核心價值，這體現公司企業用人更替，公司知道員工存在以權謀私的問題，在公司可承擔損失的情況下，和比對為公司帶來的效益兩者採用戰略，這個核心思維靈活運作，令公司更加妥善用人。同樣地，這名員工也學懂戰略核心，適時巧妙運用，可能會被繼續聘用。

　　另外，國家現在對教育大手抓，改變原有的做法，除漏洞，作者列舉這例子讓人聯想到為何之前不去堵塞漏洞，待此時而為，也是由於戰略思維調整的產物。對國家和政府要有這種視覺，就要自己存格局，通過學習就能做到。我喜歡作者所提的學習，「三分學，七分習」，是否認同我對這篇文章的看法，你都來閱讀一下文章，看看是否啟發到更多的新戰略……

Moon

〈突然間懂了
——成長的五個關鍵〉

「人，是在經歷中成長，苦難中見芬芳。」我與作者相知相識 20 多年，也了解她的過去，看著她由單純、率真，成長到現在的成熟獨立，可謂是見證她的每一個蛻變。

她，在命運的戲謔下，還能一步一腳印，不染俗世淤泥，成長成為今天的「亭亭清蓮」，真的不容易！願天佑之！

苦難有終，芳香自來！

活在當下，珍惜眼前！

大輝
2021/09/30

我和作者認識多年，相知始於我的丈夫，她是曾經與我丈夫共事的朋友。她給我的印象是一個天真無邪，但又很真誠的女孩，印象僅僅是這樣。直到有一天，丈夫回家很不開心，丈夫告知我，她的家遭逢巨變，不知從何去幫助她，我開始去留意這個堅強的女孩。一直觀察了解，我深受感動，沒想過在短期接連發生多項突發事件，她都扛下來了，真的了不起！也許真如她在文中所說：「忽然懂了。」這真的需要我們這些周邊

的人細細地去了解她、讀懂她，才知曉這個女孩對生活的熱愛，對外面的世界存了一份多麼真摯的愛。她把自己的經歷寫下來跟別人分享，希望別人能有所啟發，我們透過文字去聯繫她，就是讀她的心。她，值得我們和更多的讀者去支持和了解。

Moon

〈學會感恩，
　　讓自己走上康莊大道〉

感恩皆出於心，以心待人處事接物，人會更開心。

洪錦鉉
城市智庫召集人

AUTHOR'S PREFACE

出書情懷及緣起

出版這本書，我有好幾次想哭的感覺，因為挑戰太大了。幸好有姐姐、老闆、寫作導師和身邊朋友們對我的支持與鼓勵。

某天，當出版社看了我的文稿，就發訊息問我是不是經常寫論文，我一看就笑出來了。我說不是，只是這次我嘗試深入去思考和理解某些問題或某些事情。人慢慢長大，希望對事情有深入的認知，對不同身份、不同立場人士說的話多加思考與分析。

這本書的誕生源於我為肥爸爸舉辦一個畫展的構想，為肥爸爸圓一個畫展夢。靈機一觸，我就想到出一本書去配合畫展，豐富畫展的內涵。我寫的文字與肥爸爸畫的畫相輔相成，透過閱讀書中我對肥爸爸描寫的文字，你可以窺探肥爸爸的性格與為人。另一方面，當你觀看肥爸爸淳樸、有趣的畫作，你會想起一個樂觀、充滿童趣的老頑童。也許你會想進一步了解這個老頑童的所思所感，為什麼他會有這麼有趣的想法呢？答案可以在書中尋找。

內容摘要

這幾年的經歷令我拼命生長，內心充盈及沉澱，近年嘗試深入思考及分析事情，並且透過文字把這些事情整理及呈現與讀者分享和交流。

經歷了一件又一件事情，令我明白：人，一生不斷面對困難，也不斷學習解決困難。這些困難幫助我們認識自己的個性、特質及

潛能等等,也是我們學習打破舒適圈的訓練。舒適圈是指我們對周遭的環境或事物比較熟悉,容易控制,在情緒及精神上相對少壓力,不容易挫敗,人感覺相對安全及穩定。有些困難在舒適圈內,我們相對容易解決;有些困難在舒適圈外,相對有挑戰。如果我們面對的困難在舒適圈外,就表示以上所述的安全及穩定的平衡狀態會被打破。

譬如:當我們面對財務上的困難,有時會過得很艱辛,也許會幻想透過彩票或者六合彩頭獎獎金去解決財務上的危機。有時我們的挑戰來自工作或家庭,一個人的力量不足以解決問題,於是需要別人的幫助,對於別人的恩惠,我們除了感恩之外,也期盼回饋別人的恩情。

另外,即使我們在崗位上做到一點成績(例如:成為管理層或老闆),有時也會感到力不從心,甚至因為未能解決問題而變得脆弱,這時候我們需要別人的支持與鼓勵,重新振作面對問題或困難。在解決困難上,重要的是提升我們的思維,學習及掌握戰略思維去解決生活上面對的挑戰。為了提高自己的可持續發展空間,我們需要培養至少一項興趣,探索自己的無限可能及開發自己的潛能。人有經歷就會有所覺悟及明白真理,待人處事就容易平和,面對生活的種種磨難或逆境,就相對容易淡然及處變不驚。漫漫人生路,我們會面對不少困難,不管是否願意接受,大大小小的困難都會陪伴我們成長。所以,學習打破舒適圈,有助成為更好的自己。

概括而言,這本書對彩票的中獎方法、感恩、激勵、戰略思維、興趣及頓悟這六個主題作出深入思考及探索,這些探索是我成長的印記,也是我學習面對困難與挑戰,打破舒適圈的訓練。有句話說得對:「人生如雞蛋,由外打破是食物;由內打破是生命。」願你像小雞一樣努力破殼而出,或像蝴蝶破繭而出一樣蛻變成長、成熟及美麗。

書本特色

1. 這本書帶出一個觀點：知識創造力量；知識改變世界；不斷學習，不斷增值，才會改變自己，改變未來。

2. 關於彩票中獎方法的文章，我加插「拷問靈魂」環節，面對大額橫財，人值得與內在的自我對話。

3. 興趣一文，我加插「如何協助家人把興趣變成夢想」（幫助肥爸爸籌辦畫展）的探討；感恩一文，加插「給父母家用」和「東江水 —— 為什麼說香港人要懂得飲水思源」的探討，這些探討很有趣，也許對你有啟發。

4. 另外，書中增添了我適應新居住環境，以及照顧肥爸爸期間用心煮食的自家製食物圖片，懂得煮食除了有用之外，還有趣，願把快樂的情懷與你分享。

感恩之聲

1. 我非常感謝寫作導師 —— 周津慧老師對我的信任與支持，讓我有信心開展這個寫作構想。在寫作過程中，周老師鼓勵我，給我不多、但是很中肯的修改意見，更多的是尊重我的想法。能獲此良師，是我的福氣。

2. 我非常感謝姐姐對我的支持和鼓勵，她經常購買水果和食物給我，讓我節省時間，專注寫作。還有，我非常感謝父母給我的經歷，讓我成長，讓我成熟。

3. 我更加感謝朋友們用心閱讀我寫的長文，每一篇文章超過一萬字，朋友們看完後給我認真的回饋，有的指出我不曾留意或想不通的問題；有的放下緊急工作，給我有用的修改意見及寫推薦；有的一句話提醒我，我立刻把文章內容對調，令到整篇文章的感覺更加鮮明和突出重點。

4. 最後，我衷心感謝老闆（Dr. Alfred Wong）對我的大力支持與鼓勵，允許我經常在星期日、假期和平日放工後留在公司寫作，使用公司影印機及冷氣等資源，而且還認真地為我寫推薦。

結語

我真的很感動，感謝寫作導師、親人、朋友及老闆對我的大力支持與鼓勵，也感謝在背後默默支持我、關心我的親友。我的寫作水平有限，第一次出書，時間比較緊湊，我除了為肥爸爸籌辦畫展，還要兼顧籌備出書，平時還要工作，每一方面都在拉扯我的時間，我非常感謝紅出版社對我的幫助與配合，特別感謝 Patrick 和 Joyce 與我緊密溝通及協調，讓這本書順利誕生。書中定有不足之處，請多多包涵，敬請賜教，待日後改善。最後，願你閱讀此書有所獲益。

祝：身體健康！生活愉快！

笨豬跳跳 520

2021. 10

請用微信掃碼

歡迎關注「笨豬跳跳 520」，
了解更多肥爸爸畫展的訊息。

目錄
CONTENTS

CHAPTER 1　第 1 章

掌握彩票中獎的方法，
頭獎近在咫尺

CHAPTER 2　第 2 章

興趣玩到極致，
你無限可能

目錄

掌握彩票中獎的方法，
頭獎近在咫尺

引言

在香港，如果知道有人一注中 9,000 萬元，或者上億元的六合彩頭獎，
很多人會很羨慕，有人說我不用那麼多，中兩三千萬元，
或者中最少的 800 萬頭獎就足夠了。又有人笑說：
「好的，你先做夢，叫祖先保佑，再積累多一點福報，有機會的。」
不管你是隨便想想，還是真的想中六合彩獎金，
人人都是有機會中六合彩頭獎的。

由於肥爸爸有兩次差點中六合彩頭獎的經歷，身為家庭的一份子，
相信我也有很大機會中一次六合彩頭獎。
而我，是一個務實的人，對六合彩這個主題很感興趣，
決定去深入探究和思考，這些思考也許會啟發你和增加你中橫財的機會，
你想知道如何擁有一筆橫財嗎？請帶著愉快、興奮的心情閱讀此文。

本文將與你分享：

1. 你想要一筆橫財嗎？
2. 假如你中頭獎，你會如何做？
3. 什麼人可以獲得巨額財富？
4. 令你增加中獎機會的方法
5. 偷偷告訴你中獎的秘密
6. 肥爸爸兩次錯失六合彩頭獎獎金與我的反思
7. 為什麼我贊成年老的肥爸爸購買彩票呢？
8. 切記兩件事

1

你想要一筆橫財嗎？

時代背景分析

在冠狀病毒（COVID-19）疫情下，全球感染及死亡人數增加，各國各行各業也受到大衝擊，ESPRIT[1] 全面退出亞洲，56 間分店關閉；FOREVER 21[2] 關閉全球 350 間分店；BMW[3] 裁員 6,000 人；ZARA[4] 關上千家門市，一季度淨虧損達 4.09 億歐元；全球最大保健廠 GNC[5] 破產清盤；泰航[6] 申請破產；亞航（Air Asia）[7] 裁員 333 人；Expedia[8] 裁員 3,000 人；星巴克（Starbucks Coffee）[9] 永久關閉美國 400 分店；希爾頓酒店（Hilton Hotel）[10] 裁員 2,100 人；勞斯萊斯（Rolls-Royce）[11] 全球裁員 9,000 人；周杰倫的 Mr. J 義法廚房[12] 宣佈停業。（備註：注 1-12 的時代背景分析來源於 2020 年 12 月前後期間。）冠狀病毒疫情：香港酒樓員工面臨無薪假期；香港的餐廳晚上禁「堂食令」（不允許在店裡吃飯），冬至餐飲生意重挫等等；還有很多你我熟知的在家附近、工作區域附近的餐廳與商店結業，「吉鋪」（不能租出去而空置的店）空置率很高，關閉的店鋪貼滿招租的廣告。

不管你從事什麼行業，酒店、餐飲、旅遊、金融、建築等等，你的工作也朝不保夕，隨時有被裁員的危機，或者可能已經是被裁的一員。目前生存的公司不一定有利潤，也許盈虧打平手，也許苟延殘存，勉強給員工和自己一個活下去的希望，大家也想突破。在冠狀病毒的陰影籠罩下，方方面面也面臨重重困難，店鋪關門也許可以及時止損，等待時機再戰江湖。創業是大冒險，隨時九死一生，此時創業真的令人敬佩，勇氣可嘉。

一般打工人可以如何做呢？無資本，無人脈，無過硬的迎合市場要求的技能，金錢儲備也快沒有了，這樣近乎百無的人生真的一籌莫展。只好祈求天降橫財，緩解日常生活衣食住行的基本支出，生活樣樣需要錢。如果你「上有高堂，下有妻兒」，你又失業，真的發愁，無比焦慮，甚至夜夜難眠。這個世界很現實，正所謂「No Money No Talk」。

橫財夢的機會

當你累了，你可以抬頭望天，然後吶喊：「老天爺啊！請賜給我一筆橫財，請給我一個橫財夢，一個可以實現橫財的夢就足夠了，我不貪心。」如果你有耐性看到這裡的文字，你真的無比幸運。因為接下來我將與你分享中彩票的親身經歷；如何增加中獎的方法；也跟你分享我的肥爸爸兩次差點中六合彩頭獎獎金的經歷，以及他帶給我的啟示，這些啟示也提醒你避免大意掉進陷阱⋯⋯

如果你也有一個橫財夢，你會很有興趣和很高興閱讀這一章的文字。你準備好了嗎？來吧，我們一起探索中獎之旅──

拷問靈魂

＊ 為什麼很多香港人想擁有一筆橫財呢？ ＊

因為香港的樓價太高了，房子每尺的價錢超過港幣萬多元以上，一般打工人如果想購買一個私人住房單位，可能需要 30 年或者以上的時間才完成支付銀行本金和利息。現在新批的按揭（或者抵押）還款年期平均約 26 年半，居屋的按揭供款年期為 25 年，有人會拖長還款期。以前 80、90 年代買樓的業主，他們會用高息如 10 厘，這些業主會 10 年內償還全部借款，如 30 歲置業，40 歲會完成「供樓」（房子是自己的，不用再支付銀行本金和利息）。新世代喜歡低息以獲得按揭貸款優惠，如果低息 2 厘，新世代 30 歲置業，60 歲都不一定完成「供樓」。有人慨嘆首期的金錢都可能不足夠購買一個廁所，這話是有道理的，曾經有報章報導「十大藍籌屋苑」500 呎單位的成交價為 515 萬到 763 萬，不吃不喝都要儲存 18 年錢。購買新樓一般要支付兩成首期，按揭八成。購買舊樓要支付五成首期，只有五成按揭。所以，一般人要上車（買樓）太難了，一筆橫財是很多香港人的盼望，也許可以協助繳付首期，甚至能夠購買一個安樂窩，橫財有助解決住屋的實際問題。

2

假如你中頭獎，你會如何做？

爽 YY 報記者小 A：「恭喜你！假如你中了頭獎，請你分享中獎的感受。」

得獎者小 B：「謝謝！我很興奮、也很高興。」

假如我中了頭獎，我會——

大部分人也有橫財夢，你有嗎？由於我家肥爸爸有差點中頭獎的經歷，我相信我有比較優勢，也深信自己有一天會獲得一筆豐厚的財富。也許這筆財富來自六合彩頭獎的獎金，也許透過自我增值而獲得。當我獲得一筆財富，我首先要做的是捐兩架救護車給江門五邑中醫院，我忘不了那一幕——

2018 年 4 月 18 日，外婆病情惡化，醫生告知我們沒有辦法了。可是，外婆有頑強的求生意志，她主動提出到江門北街醫院看病（是江門市中心醫院，是三級甲等的醫院，位於江門市蓬江區北街海旁），她認為轉去大醫院就有希望。我們順應她的心意立即通知城市醫院的主治醫生安排，誰知江門北街醫院知道病情後拒絕接收外婆，後來找到江門五邑中醫院，之後派車來安排外婆轉院。坐過這一程車，我終身難忘——

五邑中醫院的救護車設備簡陋，車上除了兩個醫護人員，就是一張薄板救護床和一張薄被，還有一米多高看似是鐵的氧氣樽。我和阿姨跟車前去五邑中醫院，我們發現這架救護車沒有避震功能，外婆情況危急，司機開車快，那個鐵氧氣樽與車身撞擊發出哐哐聲。某些路段應該是不平、路面有凹凸，我坐在座位上被拋離座位兩到三次，嚇得我一手抓緊座位的手柄，一手立刻跟阿姨扶緊救護床，那時我很擔心外婆被拋出救護床，外

婆的臉色也變得難看。我們很不容易到達五邑中醫院，外婆臉色已經蒼白，她不斷乾咳，呼吸困難，等待上病房，有醫護人員建議給外婆聞氧氣，我立刻答應。過了好一會兒，外婆急速的呼吸才平復下來，我心裡懸空的大石稍微穩定。

然而，阿姨為外婆辦妥入院手續後，原來外婆要被送去另一棟大樓醫治，需要使用醫院內的中途轉運車，醫護人員在前面開車，車的後面恍如簡單的鐵籠，病人坐輪椅，家屬站立協助扶著輪椅（我上網找不到這間醫院的中途轉運車圖片，憑粗略記憶描述，如果描述有錯誤，歡迎指正或者發這款車的圖片給我參考，日後有機會我會作出修正。），行車約 15 分鐘，這一段短路程嚇我一跳。因為每隔一段路就有減速丘（由地面上凸起約 10 至 15 厘米的裝置，使經過的車輛減速。），一到減速丘，轉運車就會跳一跳，我兩次腳步滑移向前，立刻緊握車上的扶手，疲倦的外婆也忍不住睜大眼睛看我。我不是病人，也被嚇得流汗，何況是重病的外婆！（其實醫院可以安排救護車運送病人去另一棟治療大樓，唉，為什麼不使用救護車呢？！）

五邑中醫院的病房設施佳，醫護人員專業，亮點是醫生會集體商討病情和提供方案，某些情況醫生會邀請家屬參與商量和講解。有直率的醫生說外婆的情況是「死馬當活馬醫」，但他們仍然用心對待外婆的個案。需要改善的是救護車的設備和醫院內部接載病人的轉運車。尤其對重症病人，或者走到人生最後一段路的病人，病痛已經是一種折磨，可否在醫療設備如運輸工具上讓病人感到舒服？醫院不一定可以挽救一個沒有希望的病人，但卻可以安撫病人無助、脆弱的身心。

我忘不了坐在救護車上被拋離的時刻，也忘不了在醫院內部坐轉運車腳步滑移的一刻，更忘不了外婆坐救護車後辛苦乾咳和氣喘的情景。因此，中大獎或者擁有財富後必須要捐兩架救護車給五邑中醫院，感謝醫護人員用心救治外婆，更希望重症患者，或者即將離世的人可以有一程舒適的離別之旅。

拷問靈魂

✳ 有人表示中了大獎就辭職不幹，你會這樣嗎？ ✳

假如我中了大獎，我不會這樣做。中獎或者獲得一筆財富是非工資收入，我仍然需要工資收入，提升財富需要「兩條腿」走路，這樣財富的增值才比較穩健，也增加機會早日走上財務自由之路。生活有太多不確定性因素，今天你是富翁，也許明天就破產了。你還記得嗎？萬達集團的王健林由曾經的「首富」變成「首負」。所以，常懷憂患意識、時刻準備，才有底氣與逆境同行。而且，有工資收入代表你有一定的工作能力和價值[13]，盡量提高自己的價值，盡力實現自己的理想與抱負，人生才沒有白活一場，而且這也是亞伯拉罕·馬斯洛（Abraham Harold Maslow）理論中「自我實現」的人生最高層次。你同意嗎？你的想法又如何呢？

✳ 你認為自己會理財嗎？ ✳

如果不會，請你學習各方面的知識，包括理財知識。有句話很有意思：「你永遠賺不到超出你認知範圍內的金錢。」對於這句話，我在這裡不作解釋，你自己嘗試去思考。我只想說：在你即將獲得一筆財富之前，你需要提升自己的能力，多學習知識和提高智慧，理財方面的知識也要提高。你想一想，當財富突然降臨你手中，如果你不懂得駕馭財富，財富可能很快會由你手中悄悄溜走。

3
什麼人可以獲得巨額財富？

獲獎的是勞工階層或者社會的中下階層

你知道中大獎的都是什麼人嗎？我看了資料後，覺得老天爺很公平，發現有不少是勞工階層或者社會的中下階層。如果你認為自己是這些階層的人士，那就恭喜你，你隨時有機會中獎，關鍵是你有沒有去購買彩票。根據網路文章的資料，台灣由民國 96 年到 2012 年底，「大樂透」有 97 位得主，威力彩有 25 位得主，三年內合共誕生了 122 位億萬富翁，而這些幸運兒主要是勞工階層或者社會中下階層，當中很有錢的只有一位。你看，你是否覺得自己也有機會成為幸運兒呢？

在香港，真的有一位「幸運星」在 2011 年 5 月 20 日中了六合彩頭獎，他的名字叫 Jagpal Singh，號稱「幸運星」，是印度裔港人，他與另外兩個人瓜分億元六合彩頭獎獎金，他分得 4,451 萬元。當年，他中獎後高調接受傳媒訪問，令很多香港人印象深刻，人們一邊羨慕他的好運，一邊擔心他的安全。「幸運星」中獎前在一間印刷公司當跟車工人，報導說他後來持有四個物業，每月收租 7 萬元。

在美國，密歇根州（Michigan）小鎮沃特福德（Waterford）的一名男子一天內三次購買彩票，結果全部中獎，最高一筆獎金是 32.5 萬美元（約 254 萬港元），他中獎前在英國石油的加油站工作，他叫瑪律茨（Mark Maltz）。

中國呢？中國有勞工階層中彩票的例子嗎？有，來源自知乎的文章提及湖南 25 歲小夥子在紹

興打工，在投注站隨手買了兩注福利彩票，中了 1,000 萬元；大連一個普通打工人購買「大樂透」中了 1,013 萬元（稅後獲得 813 萬元獎金）；有 90 後小夥子中獎，也有當媽媽的中獎了……

知識就是力量

　　除了上述勞工階層，或者社會中下階層中獎之外，知識份子也可以運用智慧獲得財富。根據《香港 01》[14] 的報導，澳洲有數學家利用獨家公式贏得七次樂透，合共獲得 42 萬澳元（約 244 萬港元）。1960 年到 1990 年間，羅馬尼亞人 Stefan Mandel 使用印表機和電腦進行運算法，贏得 14 次彩票頭獎。美國 Gold's Gym Franchises 經理 Brad Duck，他使用「聰明方法」中了 36 次二獎及六次頭獎。看到這裡，你是否覺得知識不僅僅只是知識，知識還是獲得財富的手段？啊，知識就是力量！

香港六合彩的計算公式

　　看到這個小標題，你是否很期待呢？沒錯，香港的六合彩真的有公式可以計算出來，重點是你是否願意運用這公式去購買六合彩。香港樹仁大學執教統計學超過 30 年的潘志昌教授，他表示攪出頭獎的中獎機率最簡單，我們先來認識一下六合彩各獎項的中獎機率分配的計算公式，見下手寫插圖①：

①

$$P(X/S; N, n) = \frac{\begin{bmatrix} S \\ X \end{bmatrix} \begin{bmatrix} N-S \\ n-X \end{bmatrix}}{\begin{bmatrix} N \\ n \end{bmatrix}}$$

接著，提提你，中 6 個數字就是獲得六合彩頭獎的中獎資格。以下是計算六合彩頭獎的公式，見下手寫插圖②：

②

$$P(X=6/S=6;N=49;n=6)=\frac{\begin{bmatrix}6\\6\end{bmatrix}\begin{bmatrix}42\\0\end{bmatrix}}{\begin{bmatrix}49\\6\end{bmatrix}}=\frac{1}{\begin{bmatrix}49\\6\end{bmatrix}}$$

中獎機率

$$\frac{1}{13,983,816}$$

即 是： $(1/49)\times(1/48)\times(1/47)\times(1/46)\times(1/45)\times(1/44)=9.932116447\times10^{11}$，然後將該數值除以一列 6 個空格所有不同排序的可能組合數目（就是：6!= 6×5×4×3×2×1=720），便可以推算出中獎機率是：1/13,983,816（即 $1/49C_6$）。看見這些公式，你是否已經頭昏腦脹呢？不用擔心，你只需要知道這個計算公式是真確的，香港賽馬會表示如果要買齊 49 個號碼的所有配搭，要花費 1.39 億港元。簡單來說，你中頭獎的機會為約 1,400 萬分之一。哈，你是否已經笑出來了？是否立即想打消中六合彩頭獎的念頭呢？你暫時可以不用打退堂鼓，如果你有以下幾種習慣，你又可以「山雞變鳳凰」翻盤了。

做到這四個習慣，你可能是頭獎得主

日本命理大師島田秀平因工作關係，有很多機會與中彩票大獎的人士交流，他分享了中獎者都有以下四個共同的習慣：

一、購買彩票前一天戒酒吃肉。因為飲酒令人身心變遲鈍，吃肉提高身體能量，喚起人們野性的本能。

二、在上午購買彩票。因為人的直覺在早晨比較敏銳。

三、用吉利的錢購買彩票。如使用上次買彩票中獎的錢，或者使用上司、長輩給的錢，或者別人送的紅包等等，可以用來購買彩票，這是運用了「好運招來好運」的強運法則。

四、平時要累積陰德。例如：去購買六合彩的路上順手撿起路邊垃圾，買完後繞彩票店附近一圈，將四周的垃圾撿拾乾淨，或者清洗了廁所才去購買六合彩，這可為自己招來好運。

對於以上四個習慣，你有什麼想法呢？關於第一點，我認同戒酒是可取的，至少頭腦清醒，避免因酒精影響判斷能力。對於「食肉獸」（愛吃肉的人）來說，這是允許自己吃肉的好機會；對於素食者而言，這點應該不會認同。

關於第二點，這是不一定的，前文所提及香港中頭獎的「幸運星」，他是放工晚上途經投注站，湊熱鬧亂填號碼而中頭獎的。

關於第三點，我覺得有點關係。有一次，肥爸爸表示想買一條褲子，我給他錢，並叫他自己去買褲子。他除了買褲子之外，還用我給他的錢購買六合彩，結果他中獎了，有錢收，他很高興。

最後的第四點，我非常認同平時要積累陰德，不一定是撿拾垃圾或者洗廁所，而是日常要多行善、多做好事。如果你的上司或者老闆想中六合彩頭獎，你可以告訴他清洗廁所有助增強財運。哈哈，是不是想想就很美好呢？

我的肥爸爸曾經差點中六合彩頭獎，也經他的手購買六合彩中了一次三獎。他一生除了賺錢養大子女，還供養外公外婆一家人。除此之外，在家鄉修建「聊天室」（有幾個房間和一大片水泥空地，平時供村民聚會玩樂，也提供村民舉辦喜事擺放酒席，以及每年全村拜山後，大家一起吃飯聊天的地方。），建寺廟，建家鄉入村的牌坊和修建牌坊的一段路，家鄉的叔伯兄弟會邀請肥爸爸號召香港的親戚籌款集資。肥爸爸每次也擔任召集人，把大家捐出的款項親自帶回家鄉，資助共建美好的家園。肥爸爸做這些事情只是純粹的

行為，反映他對媽媽和外婆一家人愛屋及烏的愛，以及他對家鄉的熱愛。肥爸爸一輩子耕種福田，老天爺就給他財富作為付出的嘉許。

實踐以上四個習慣是否就能夠中大獎？不一定，至少可以增加中大獎的機會，而且心態也是正面，心情也會愉悅。

最後，送你兩個提示，購買六合彩時多關注熱門號碼，可提高中獎的機會。以及，如果有一天你山窮水盡時，你試試購買一張彩票，也許老天爺會眷顧你。台灣有一位中威力彩的得主，他中了 4.9 億元，在這之前他失業了兩年。後來，他捐了 1 億元給 19 個公益單位。你的聲音，老天爺也許會聽到。Try to speak out, sometimes, it works!

拷問靈魂

也許真的是「好事不出門，壞事傳千里」，做資料搜集時，我看到不少資料提到「中樂透的都沒好下場」，有人中獎後得意忘形，鬧得妻離子散，家破人亡，自殺或者被他殺等等，看著就心驚。2009年，加拿大一位 78 歲老翁中了 1,690 萬加元大獎後，厄運連連。他被鄰居騙了 500 萬加元，妻子因他被騙錢而離棄他，兒媳婦溺亡，不久兒子被車撞死。另外，美國一名男子中了 3.14 億美元大獎，男子辭去工作，帶家人環遊世界，只用了 10 年，這名男子和家人把 3.14 億美元花光，最後靠政府的救濟度日，多麼令人唏噓。中國也有不少中大獎後的負面例子，你可以上網尋找查看。我有一點點幸運，肥爸爸當年沒有成功中六合彩頭獎，正所謂「塞翁失馬，焉知非福」。我們一家人可以平平安安、開開心心過日子，也是一種平凡的幸福。

✻ 思考一 ✻

需要時刻警醒自己。萬一有一天中了大獎，不要因僥倖獲得財富而囂張狂妄，也不要因愚笨而迷失自我，小心被橫財反噬，落得悲慘下場，要學會駕馭財富。

✤ 思考二 ✤

　　如果你中了大獎，你要好好思考如何有效運用這筆財富？你會考慮聘請專業人士協助管理這筆財富嗎？應該聘請什麼專業人士，才能夠平安享用這筆財富呢？

4

令你增加中獎機會的方法

　　每當有超級六合彩（有連續幾期六合彩沒有人中頭獎，或者超過 1 億元的獎金開彩）的時候，一定令很多香港人在香港賽馬會（簡稱「馬會」）門外大排長龍購買六合彩，以及掀起很多話題，譬如：發聊天短訊或者聚會時問親友：「你買了六合彩嗎？」然後再一起發夢：「假如中頭獎，你會做什麼？」雖然知道中頭獎的機會渺茫，中獎機率是約 1/1,400 萬，但是大家也津津樂道，好像買了就一定中。事實上，如何購買六合彩才能增加中獎的機會呢？你有想過嗎？如果你對這話題感興趣，以下我分享幾個方法給你參考：

掌握彩票中獎的方法，頭獎近在咫尺

31

　　第一個方法一定令你嘩嘩嘩，然後你口中不說，心中也說：「我也想要！」我不得不向你推薦一個人，他使用「聰明方法」購買六合彩，獨中 17 億港元頭獎。他是誰呢？他是 Brad Duke，是美國 Gold's Gym franchises 的經理，他採用「聰明方法」投注系統購買彩票，在 2007 年到 2009 年兩年內共 257 期，他合共中了 36 次二獎、六次頭獎，令世界震驚，你想知道他的「聰明方法」嗎？

　　其實我很想知道，所以立刻去了解，現正在練習中。我先與你分享你最關心的重點——如何購買？你只需購買 17 注六合彩，每注港幣 10 元，購買 17 注就是港幣 170 元，那你就可以增加中大獎的機會了。方法簡單，你按照以下四個步驟就可以了：

　　（一）第 1-8 注

　　購買 48 個號碼，每注彩票買 6 個號碼，共買 8 注，號碼不可重複。

　　（二）第 9 注

　　購買第 49 個號碼，加上 48 個號碼中的任何 5 個號碼。

　　（三）第 10-16 注

　　不用第 9 注的任何 5 個號碼，即是用剩下的 44 個號碼（49-5），在 44 個號碼中選 42 個號碼購買 7 注，每注彩票買 6 個號碼，號碼不可以重複。

　　（四）第 17 注

　　在步驟（三）剩下的 2 個號碼，配搭任何 4 個號碼。

　　合共 17 注，總支出為港幣 170 元。為了令你更加容易理解，接下來我使用例子模擬如何使用「聰明方法」購買六合彩：

　　（注：我使用順序號碼方便作解釋。）

（一）第 1-8 注

（1）1，2，3，4，5，6

（2）7，8，9，10，11，12

（3）13，14，15，16，17，18

（4）19，20，21，22，23，24

（5）25，26，27，28，29，30

（6）31，32，33，34，35，36

（7）37，38，39，40，41，42

（8）43，44，45，46，47，48

（二）第 9 注

（9）49，1，2，3，4，5

（三）第 10-16 注

（10）6，7，8，9，10，11

（11）12，13，14，15，16，17

（12）18，19，20，21，22，23

（13）24，25，26，27，28，29

（14）30，31，32，33，34，35

（15）36，37，38，39，40，41

（16）42，43，44，45，46，47

（四）第 17 注

（17）48，49，1，2，3，4

掌握彩票中獎的方法，頭獎近在咫尺

如果你眼力佳，你可以看出六合彩的 49 個號碼在 17 注中重複了兩次。其實如果你想節省金錢，又只想買一次 49 個號碼，那你買第 1 到第 9 注號碼就可以了，支出為港幣 90 元（每注港幣 10 元），中獎機會相對會降低一倍。

補充一點，以上的方法有改良版本，由「巴拉福大學——英教職員瓜分頭獎 7.7 千萬」提供，方法是你選擇一個你喜歡的號碼作為「膽」之用，把其餘 48 個號碼隨機選出 9 注，號碼不能重複。其他注數如上文提到的方法類推，這改良的方法可以購買任何注數，但至少購買 10 注。

凡事想有收穫，必須要有長期堅持的付出。如果你問是否買一次 17 注就能夠中六合彩頭獎？如果是，富翁就氾濫了。如果你有這樣的心思，請你盡快糾正，財富才有機會親近你。

關於你是否考慮長期嘗試這個方法，那就要看你的欲望與能力，試玩一兩次也可以感受這種樂趣。

還有以下幾個方法也可以嘗試

一、購買熱門號碼和冷門號碼。你可以用手機去搜索 App Store，有些六合彩 Apps 有記錄六合彩的熱門號碼和冷門號碼，購買熱門號碼（指經常出現的號碼），會增加你中獎的機會。上述提到的 Brad Duke 的投注策略是專攻近期的熱門號碼，取得驚人效果。當然，你也可以購買熱門和冷門號碼，因為有時候中獎的六合彩彩票會夾雜熱門號碼和一兩個冷門號碼。

二、有人會刻意去多人中頭獎的馬會投注站購買六合彩，目的是吸取其強大運勢。在香港，排第一位是中環士丹利街投注站，排第二位是屯門市廣場投注站，排第三位是荃灣荃錦中心投注站，這三間賽馬會投注站是出最多頭獎得主的，你可以去碰碰運氣。我就沒有興趣去湊熱鬧了，見到人們大排長龍購買六合彩，我心中只有一個字：「勁！」

三、當你不知道買什麼六合彩號碼時，購買電腦票也是一個不錯的選擇。電腦票也有機會中基本的獎金。如果你要求不高，只想有錢收，中獎其實不難。你中 3 個數字就是基本的七獎，你致電購買 1 注港幣 10 元電腦票（如果親身去馬會購買電腦票，馬會職員會售賣港幣 20 元的彩票給你，因為每張電腦票為港幣 20 元，合共有 2 注六合彩號碼。），中 3 個字可以收到港幣 40 元的獎金，中獎機率為 1/56.7，相對容易中獎，我也中過好幾次。

四、你可能會想：中頭獎就是發夢。你知道嗎？這句話有當真的資格，當你在睡夢中清晰見到 6 個號碼，這也許是幸運的號碼，你買這些號碼就對了。台灣有位購買彩券的得主夢到 6 個號碼，之後去買就中了 1.9 億，扣稅後還有 1.5 億。提提你，必須第一時間記住這些號碼，醒來就立刻寫下來，因為不記錄下來可能就會忘記，到口的肥肉掉了就會很可惜。

五、大包圍，這個方法適合大富翁玩。馬會指出，若要購買全部號碼的所有配搭，要花費 1.39 億元，這意味著獎金的回報必須高於支出的金錢才有盈利。如果有多於一人中頭獎，獎金要均分，意味要虧本收場，這方法即使是富翁也會慎重考慮。我們一般人可以剝花生看中獎結果和作為日常的娛樂話題。

六、你可以有另類的投資風格。根據馬會資料顯示，每期平均有超過 1,000 人押注順序 1 到 7 號，所以就算開出 1 到 7 號，你也不要期望中獎後可獲派巨額獎金。事實上，連續幾個細號碼真的出現過，如果你購買了，你也會分到一定的獎金，但是你必須長期持續購買才有這個中獎機會，而且同時與至少 1,000 人平均分享這筆獎金。

七、無就是有。有時候購買六合彩或者彩票，不需要什麼方法或者策略，只要隨心，或者心血來潮的時候，你去購買，就有機會中獎，祝好運！

以上列舉的方法僅供參考，不同人有不同購買六合彩的方法。除了購買熱門號碼和冷門號碼；單式投注（由 49 個號碼中選出 6 個字或者 7 個字，兩者價錢不一）外，還可以選擇複式投注，即投注多

於 6 個號碼的所有組合，假如買齊 49 個號碼，需購買逾 1,398 注，以每注 10 元計，需要 1.39 億元。另外，你還可以選擇「膽拖」投注，「膽拖」同樣是投注多於 6 個號碼，與複式不同之處在於要選 1 個或者以上號碼作固定選擇「膽」，再配以其他號碼作為「腳」投注。「膽拖」投注涉及的金額相對較買齊 49 個號碼的複式少。如參與，可以根據自己的喜好與能力，用自己喜歡的方法投注。切記：量力而為，切勿沉迷。

拷問靈魂

你為什麼想要一筆財富？

你願意付出什麼去獲得這筆財富？

偷偷告訴你中獎的秘密

與你分享兩個中獎的親身經歷

我有兩個親身中彩票的經歷，我認為很值得你參考。

第一，你要捨財。什麼？你可能心裡已經在「打小九九」了，你認為購買彩票是希望擁有財富，而我居然叫你捨財，講錯了嗎？沒有錯，你想獲得獎金，最快最有效的方法是捐獻金錢，捐獻的金額因人而異，沒有多少之分，簡單來說，是你手上不需要的金錢。有一年，我獲得一筆四位數字的慰問金，我原本拒絕，但推卻不了，我最終接納，並邀請朋友協助以我的名義全數捐款慈善機構。結果，半年後我購買的六合彩 [15] 獲得有排名的獎金，這是我購買六合彩以來獲得最多的獎金，我知道這是老天爺對我善意的嘉許和回報。有捨才有得，記住：捨得是「捨」（捨棄）與「得」（獲得）相結合的意思。如果你想獲得財富，就先要有捨棄財富的行動。不要問我什麼時候獲得財富，老天爺在適當的時候會給你答案。

第二，找出地利優勢。如果你去一個陌生的地方辦事，而這個地方附近剛巧可以購買彩票（香港合法購買彩票的地方是香港賽馬會），你可以進去購買一張彩票，那時我買的是兩張六合彩電腦票，合共港幣 40 元。結果，我買的兩張彩票都中獎了，獲得最基本的獲獎資格 [16]。

我相信是地利的優勢，配合成熟的時機，等你躬身入局，重要的是你不經意卻刻意地買張彩票，然後一切可期。If you never try you'll never know.

掌握彩票中獎的方法，頭獎近在咫尺

一個朋友分享中獎的實例

以前，中國文化科麗如老師跟我們分享過兩句話：「一命二運三風水，四積陰德五讀書」，讀書排第五位，排名的位置是次要的次要。因為有的同學不是考試的材料，平日可以發揮水準，碰上考試就會失準，麗如老師這樣講是鼓勵我們努力去準備高考，只要盡力了，之後就用平常心去面對考試的結果。

我發覺這兩句話蘊含中獎的秘密。一個人是否中獎，要看他有沒有中獎的命和中獎的運，家人與先人的風水，以及祖上和自己有沒有累積足夠的陰德。前兩項在此不說，我只想跟你分享後兩項促進中獎機會的實例——

✳ 多年夢見清朝婆婆 ✳

這是朋友的實例，1998 年開始，朋友就在夢中見到一位穿清朝服飾的婆婆，這個婆婆在香港灣仔莊士敦道的「和昌大押」對面的電車路向這位朋友微笑招手，她什麼也沒有說，朋友持續發了這個夢數年。2004 年的一天，朋友去拜祭爺爺奶奶，發現奶奶的墓碑有大樹纏繞而有破裂，於是朋友安排做新的墓碑，他告訴哥哥，哥哥叫他處理。朋友要求哥哥發爺爺和奶奶的照片做墓碑，多番催促後收到哥哥發來的照片。朋友一看照片，驚呆了，原來夢中穿清朝服飾的婆婆就是自己的奶奶。朋友只見過年輕貌美、腳踏三寸金蓮奶奶的相片，之後一直沒有機會見到奶奶其他的照片。哥哥也因為修葺祖墳才找到奶奶的照片。修葺祖墳時，一般以家族長子的名義作為修葺者，但是負責處理修葺墳墓儀式的師傅卻詢問朋友，用誰的名義修葺祖墳，朋友表示使用他大哥的名義便好，這意味著先人的「福蔭」（或者庇佑）會落到家族長子身上。多年後，朋友才知道他的大哥當年真的中了大獎，聽聞是一筆豐厚的財富。

所以，修葺祖墳有助改善家族的風水，也是一種積德的行為，也許先人會為後人帶來賜福保護，即使不為了財富，修葺祖墳也是作為子孫後代的責任，你同意嗎？

Sick, Sad, zzzzzz...

最後，想補充重要的一點，當你患病、傷心或者疲累時，你不要購買彩票或者參與博彩行為，因為你體弱，財神爺不會眷顧你，你投入的金錢只能打水漂。另外，肥爸爸表示當你去購買彩票途中遇上和尚或者尼姑，快停止購買六合彩的行為，他用金錢去購買經驗，10次也全中：金錢像丟入大海一樣，沉沒了。

拷問靈魂

面對利益，親人或者朋友會有各自的盤算，不要有「你以為」、「我以為」的想法。如需要，一張有效力的法律協議能夠保障雙方的權益，也避免日後的財產糾紛。除非你十分熟悉和信任你的摯親好友，以及不在乎可能損失的利益。在財富、在利益的考驗下，你才能真正辨識誰對你忠誠，誰不為利益而一直支持你，以及誰值得你愛。

你有利益考驗或者利益教訓嗎？

你找到值得你付出與珍惜的人嗎？

願你找到你愛的人和愛你的人！

肥爸爸與六合彩的未了緣

6

肥爸爸兩次錯失六合彩
頭獎獎金與我的反思

曾經，肥爸爸填寫的六合彩彩票中了頭獎，可是那張彩票被他工作的水泥粘著，不能掃描入電腦進行購買，香港賽馬會（簡稱「馬會」）的職員建議肥爸爸重新填寫彩票，以便順利掃描，完成購買程序。肥爸爸拒絕，他表示自己的彩票沒有問題，一番擾攘之後，肥爸爸憤而離開馬會，並且把彩票掉入馬會外面的垃圾桶。肥爸爸帶著一肚子氣回家，然後把事情告訴了媽媽。媽媽安撫他，再立即和他去馬會外面的垃圾桶尋找彩票，結果垃圾桶內只有垃圾，肥爸爸填寫的彩票不翼而飛。

還有一次，肥爸爸是配角，但他擁有至高決定權，他直接把六合彩頭獎的機會降為三獎。那年，讀小學的妹妹劃了一條六合彩號碼，她讓肥爸爸購買，一般劃 6 個號碼，港幣 5 元一注 [17]，妹妹劃了 7 個號碼，肥爸爸告訴妹妹 7 個號碼要港幣 35 元，很貴，並說不要買 11 號，變成買 6 個號碼。結果，妹妹原本劃的 7 個號碼中 6 個字，符合中頭獎的資格，買少一個號碼變成中 5 個字，立刻由中頭獎降格變成中三獎。當年很多人中三獎，中獎者每人獲派發 3 萬多港元的獎金。事情還有獨家內幕笑料，妹妹說當年她只能分到港幣 1,000 元，媽媽告訴她獎金是供她讀書，用作購買家中冷氣，給她買吃和買用的，支出龐大。妹妹笑著提過兩三次，說獎金一下子就分配完了。

❋ 肥爸爸印堂的十字架 ❋

我的媽媽很搞笑，她說肥爸爸的印堂有個凹陷的十字架，她問過相士，表示破財，於是她多次建議肥爸爸割少少 pat pat（臀部）肉或者大腿肉填補印堂凹陷入去的位置。肥爸爸每次聽到媽媽這樣說，他就會說「黐線」（神經兮兮），我們每次也非常不客氣地哈哈大笑，然後腦袋自動補上肥爸爸脫掉褲子割 pat pat 肉疼痛哎喲哎喲[18]的情景，笑到肚子痛。媽媽也笑笑說：「係呀嘛，相士講嘅。你多肉，怕乜嘢（是啊，相士講的。你肉多，不用怕），割少少就得啦，你聽話，填補凹陷入去的十字架，你就發達啦！」假如你是肥爸爸，你會聽話嗎？我家的肥爸爸很有性格：不聽老婆話！

❋ 肥爸爸第一次頭獎運帶給我的反思 ❋

對於肥爸爸第一次的頭獎機會，如果是一般人，一定會聽從馬會職員的指示，重新填寫彩票，令彩票順利掃描，完成購買程序，然後可靜待領取獎金。可是，我的肥爸爸不是一般人，他掉進了一個「習慣性防衛」的心理誤區。習慣性防衛是指我們感覺到自己的觀點、尊嚴可能受到挑戰的時候，我們第一個反應不是思考對方的質疑或者建議是否合理，而是自行理解為對我們的否認，指有人反對我，我就和他對著幹，這樣我們就產生了習慣性防衛。

❋ 以下使用習慣性防衛來分析肥爸爸的行為 ❋

當時，肥爸爸聽到馬會職員表示彩票不能過機購買，便下意識認為職員否定他，是職員有意阻撓，以致聽不進（或者拒絕聆聽）職員的可行建議。因為他感受到攻擊，於是作出對著幹的反應——拒絕重新填寫彩票，並與職員爭吵，力陳彩票可以過機，繼而憤怒離開。肥爸爸的舉動側面反映了他的自我保護，避免受到他人攻擊。

這樣的習慣性防衛令肥爸爸的眼睛被蒙蔽了，俗稱「火遮眼」，使他不能客觀分辨彩票因為有水泥粘著，而不能掃描進行購買的實際問題。生活中，你試過這種「習慣性防衛」嗎？

＊ 肥爸爸犯的第二個錯 ＊

其次，肥爸爸離開了馬會，並且在馬會門外的垃圾桶丟掉不能掃描的六合彩彩票，這是他錯失六合彩頭獎獎金犯下的致命錯誤。肥爸爸與馬會職員爭吵，他被憤怒的情緒駕馭，必定引起馬會場內場外人士的關注，常言道隔牆有耳，現實是言者無心，聽者有意。馬會外有好奇心的人聽到這麼激烈的爭吵，可能會拾獲彩票碰運氣，以「刀仔鋸大樹」用港幣 10 元投資購買一注，就算不中也只是損失少量金錢，如果中了獎是「地上執到寶的大好運，別人問天問地攞唔到」。其實，如果當時肥爸爸能夠冷靜下來，重新填寫一張一樣的六合彩號碼再購買，他仍然有中頭獎的機會。不過，世上沒有如果，這也只是事後孔明的說法。所以，情緒控制非常重要，肥爸爸應驗了「一子錯，滿盤皆落索」的情景。

＊ 解決方法 ＊

一、媽媽的作用。肥爸爸回家告訴媽媽事件，媽媽安撫了他，並立即冷靜地採取行動，陪同肥爸爸去馬會門外的垃圾桶尋找他心心念念可能中獎的彩票。你可能會說，遲了，彩票可能已被別人拾獲，去也沒有用。我認為不去，怎麼知道結果呢？即使知道彩票被人拾獲也要去尋覓，這共同尋覓的行為是媽媽對肥爸爸的支持與信任，尋找的動作可以減少肥爸爸的自責與內疚的心理。肥爸爸覺得自己盡了力去補救，這也反映媽媽對肥爸爸的安撫。當肥爸爸知道他填寫並丟失了的彩票中了港幣 1,400 多萬元頭獎時，他很難過，多

次自責自己笨，我們也多次安慰他，最後只好鼓勵他繼續努力，仍然有機會中六合彩頭獎。

二、調整情緒。遇到問題，如果我們不能立刻解決，可以先放下，調整情緒再思考解決方法。肥爸爸的六合彩彩票不能掃描過機，但又不想重新填寫彩票，他可以拿著彩票回家休息，與媽媽商量，自我調整情緒，思考問題的關鍵，找出處理方法，困擾的問題就會迎刃而解。

三、重新購買。如果肥爸爸記得自己寫的六合彩彩票號碼，他可以重新寫一條彩票，重新購買就可以，不用憂慮丟了的彩票。關鍵是冷靜，在問題面前，自己和身邊支持的人（肥爸爸跟媽媽）都需要冷靜，想想解決問題最簡單的方法。

❋ 中大獎的溫馨提示 ❋

如果有一天你中了大獎，或者獲得一筆橫財，你要控制情緒，不要動怒，也不要太高興或者太激動。因為情緒過於激動，會導致心跳、呼吸加快、血壓上升，進而誘發心肌失能，甚至猝死。所以，如需要，你找一個信任的親友陪同去領獎，萬一在領獎途中有意外，你的親友可以撥打急救電話，你才有命享用財富。

❋ 肥爸爸第二次中獎帶給我的反思 ❋

對於肥爸爸第二次中獎，我只有兩個思考。第一，要相信和尊重孩子的運氣。如果你家中的孩子給你號碼購買彩票，你就要去購買。前提是孩子自願寫彩票號碼給你，而不是受到威迫而寫的彩票號碼。孩子的心比較純粹，如果孩子突然叫你購買他寫下的號碼，這些號碼有幸運的成份。譬如：妹妹的案例，怎麼會由原本中頭獎變成中三獎？究其原因，其實是肥爸爸心裡不相信妹妹的好運氣，

掌握彩票中獎的方法，頭獎近在咫尺

如果他知道妹妹劃的 7 個號碼會中頭獎，不要說港幣 35 元，就算是港幣 350 元、港幣 3,500 元也會購買，同意嗎？不過，世上沒有如果，發生了、過去了就是歷史、也是教訓。另一方面，如果孩子寫的號碼不能獲獎，也不能責怪孩子，孩子只是好奇心驅使才參與嘗試。你也不能經常鼓勵孩子寫彩票號碼，因為孩子的責任是好好讀書，切勿本末倒置，對嗎？

第二，孩子或者你自己寫下的彩票號碼，即使多了一個號碼，要支付更多的金錢，如你可以負擔，建議你購買。妹妹的案例，肥爸爸為了節省金錢，買少一個號碼，就由頭獎變為三獎。好比你想節省購買醬油的金錢，隨時就會失去獲得一隻「大肥雞」的獎金。再補充一點，如果你為了節省金錢，購買半注六合彩，意味著你中獎的獎金只能獲派一半，這點你要注意。

拷問靈魂

為了達成目標，你可以延遲享受嗎？

keep childlike.

7 為什麼我贊成年老的肥爸爸購買彩票呢？

肥爸爸今年 88 歲，他早已經到了隨心所欲的階段，我們除了給他好吃好用之外，還鼓勵他保留生活的情趣 —— 我定期去香港賽馬會索取六合彩的彩票，讓他劃下六合彩號碼，我和姐姐替他購買。小賭怡情，肥爸爸的快樂最重要。

另一方面，人有追求、有盼望才延年益壽。希望透過購買六合彩中頭獎就是肥爸爸的夢想，我們會告訴肥爸爸開金多寶[19]的日子，提醒他記得買六合彩。我們除了鼓勵他劃下號碼，也與他一起參與購買六合彩，一起期待結果，一起討論中獎之後的構想藍圖。這樣肥爸爸活著就有盼望，我們希望他長壽，多活一天賺一天。

作為女兒，我和姐姐怎麼會不知道肥爸爸夢想背後的原動力。肥爸爸一直想重建家鄉的房屋，重新打造一間令人驕傲的房屋。當年，媽媽嫁給肥爸爸，肥爸爸沒有屋，媽媽說不要緊，你努力賺錢建屋，建好屋就跟你生小孩。於是，肥爸爸努力賺錢，然後建屋，還沒建好屋，媽媽已經替他生了姐姐。而且，當年我們的房屋是整條村子最美麗的、最顯眼的。輾轉數十年過去，全村家家戶戶也建了新的房屋，我們的房屋變成全村最舊、美觀度排名倒數第一位。天與地的落差，目前的房屋成為肥爸爸心目中的一根刺。家鄉的房屋是肥爸爸的根，它見證了肥爸爸從無到有，從有到優的光輝歷史。我們少回家鄉，但是我們鼓勵肥爸爸中大獎，或者我們中大獎後回鄉重建房屋，根在情誼在，根深情誼深。

其實，肥爸爸講過一句非常窩心的話，他說：「中獎後，獎金都是給你們姊妹了。」這是肥爸爸對我們的愛，總是擔憂我們不夠錢用，想盡自己的力量為我們種一棵可乘涼、可遮風擋雨的大樹，這也是天下大部分中國父母的想法，能夠成為中國父母的孩子是非常幸福的，你有同感嗎？

拷問靈魂

你曾經為你爸媽做過一件令他們舒心的事情嗎？

如果你經常令你的爸媽放心，你盡了子女的責任；否則，從今天開始，你嘗試做一件令他們安慰的事情吧！可以嗎？你能夠做到嗎？

8

切記兩件事

一、設定「止蝕」（蝕本）金額。例如：你每次參與博彩（例如：購買六合彩、獎券與賭馬等等），設定一個你可以承受蝕本的金額，有人200元，有人2,000元，有人2萬元，有人20萬元等等，金額因人而異，沒有多少之分。就算你蝕本了，也是有限的金錢損失。學會節制或者控制自己的欲望，你就能享受小賭怡情帶來的生活樂趣。

二、切忌沉迷。生活除了參與博彩活動之外，還有很多值得你關注的事情，譬如：舉辦家庭旅行，跟朋友相聚，學習你有興趣（除了博彩以外）的事情，報讀提升工作技能課程等等。萬一你沉迷博彩，請主動撥打戒賭熱線，拯救自己。如果在香港，你可以主動尋求博彩及治療服務機構協助，如：可以聯絡平和基金，平和戒賭熱線：1834-633；或路德會青亮中心戒賭直線：8108-3933；或東華三院平和坊戒賭熱線：2827-4321；或錫安社會服務處－晞勵軒輔導中心－戒賭直線：2703-9811；或明愛展晴中心戒賭直線：2499-7828，等等機構協助。

博彩要有節制，參與人士須年滿十八歲，切勿沉迷賭博。如果有需要，立刻尋求輔導及治療。謹記：小賭怡情，大賭亂性，祝願你與怡情的一方成為好友！

拷問靈魂

你試過沉迷一件事情或者一件物件嗎？沉迷時你有什麼感受？你想跳出來嗎？你如何跳出來？歡迎你與我分享。

總結

我為什麼要講購買彩票，尤其花了很多篇幅寫六合彩這個主題呢？不是我鼓吹賭博，而是在新冠疫情的影響下，很多人過得太艱辛了，彩票或者六合彩是一般小市民，或者肩膀承擔很重的商界老闆們的發財夢。人活一輩子，要有夢想，就算知道中六合彩頭獎的機會很渺茫，但有時候購買港幣 10 元一注的六合彩，志在參與，心情也因為幻想而喜樂。在經濟前景不明朗的日子，學習讓自己快樂起來有益身心健康。

更重要的原因是：六合彩給我的肥爸爸帶來一生的遺憾，他兩次與六合彩頭獎擦身而過，對他的心理衝擊很大，他有夢想，有想做的事情，我也是，我相信看到這些文字的你也是。不管怎樣，夢想是值得追尋的，達成夢想所需要的資金可以是透過幸運，也可以透過個人不斷努力付出和自我增值而獲得。哪一種更容易、更快捷獲得財富？相信你會有明智的抉擇。

由於寫這個主題，我搜集和查看了很多關於六合彩的投注方法，如何增加中獎機會，中頭獎公式及中獎的秘密等等，這些資料容易引起人的興趣，你閱讀時不會覺得文字多，誰會抗拒成為未來的六合彩頭獎得主呢？

最後，肥爸爸兩次錯失六合彩頭獎，令我反思，究竟因幸運突然擁有大額財富是不是一件好事呢？當我見到有不少人中了大額彩票後家破人亡的負面報導時，心中警戒。經思考後，我明白了：財富不壞，壞在人心，當人不能駕馭財富時，財富從天而降，是一件

很危險的事情。故此，不斷學習各方面的知識，包括理財知識，提高「情商」，以及修心。這樣，當財神爺駕到送財，你才有能力安心納福與納財。你同意這個觀點嗎？

感謝你用心閱讀這章文字，願你平安喜樂！未來，與你一起努力，一起迎接大額財富降臨，祝好運！

注釋：

1. ESPRIT：思捷環球控股有限公司（Esprit Holding Limited，港交所：0330），在香港主板、德國及美國第二上市的企業。業務主要是設計、製造、批發及零售「ESPRIT」品牌的男女時裝、鞋、飾物、家居用品、化妝品等等。

2. FOREVER 21：韓裔美籍夫婦（張東文及張金淑）創辦，在美國成功打造時尚成衣帝國，全盛時期擁有 800 家門市，售賣韓流服飾，走實惠價格路線。

3. BMW：全名為巴伐利亞發動機製造廠股份有限公司（德語為：Bayerische Motoren Werke AG，或 Bavarian Motor Works，縮寫為 BMW，在中國大陸、港澳稱為寶馬，台灣使用 BMW），是德國一家跨國豪華汽車、機車和引擎製造商，總部在德國巴伐利亞邦的慕尼克。

4. ZARA：1975 年設立的西班牙時裝品牌，屬西班牙 Inditex 集團旗下的一個子公司，經營服裝、飾品、鞋帽、香水。ZARA 產品的設計優異，價格低廉，平民可以擁有 High Fashion，它為全球排第三，西班牙排第一的服裝商，在 87 個國家設立超過 2,000 多家服裝連鎖店。

5. GNC：美國 GNC（General Nutrition Centers）成立於 1935 年，是美國保健食品市場的領導品牌，專門生產優質的維他命、礦物質、草本植物、運動營養品及其他營養保健品。

6. 泰航：泰國國際航空（Thai Airways International，簡稱泰航），成立於 1951 年，最初與北歐航空公司合股經營，泰國政府買下北歐航空公司的股權之後，泰航成為泰國政府所有的企業。2021 年 9 月 20 日，啟動破產復蘇程式中的第二批飛機出售計劃。此前宣佈出售 34 架飛機後，將繼續出售三架空客 A330-300 飛機和一架飛行模擬機。

7. 亞航：亞洲航空公司（AirAsia），簡稱亞航，成立於 2001 年，是馬來西亞第二家國際航空公司，也是亞洲地區首家低成本航空。一共 192 條國內及國際航線，覆蓋 20 多個國家。亞航一直致力於將低成本飛行帶到新的高度，使「現在人人都能飛」的信念成為現實，並連續六年獲得「世界最佳低成本航空」稱號。

8. Expedia（Expedia Group, Inc.；NASDAQ：EXPE）是一家線上旅遊公司，客人尊享酒店、機票、套票行程及當地玩樂旅遊優惠。Expedia 旗下品牌包括 Expedia.com、Hotels.com、Orbitz.com、Travelocity、Trivago、Hotwire.com、Egencia、Venere.com、HomeAway、Expedia 本土專家、Classic Vacations。

9. Starbucks Coffee：星巴克股份有限公司（Starbucks Corporation，簡稱：星巴克，Starbucks），是美國一家跨國連鎖咖啡店，也是全球最大的連鎖咖啡店，成立於 1971 年，總部位於美國華盛頓州西雅圖。除咖啡之外，亦有茶飲等飲料，以及三明治、糕點等點心類食品。

10. 希爾頓酒店：希爾頓全球酒店集團，簡稱希爾頓全球（Hilton Worldwide），是一間成立於美國德克薩斯州的跨國酒店管理公司。曾是黑石集團的附屬公司，截至 2018 年，在黑石集團（Blackstone）和海航集團（HNA）退出後，Hilton Worldwide Holdings Inc. 成為一家完全獨立運營的公司。

11. 勞斯萊斯：勞斯萊斯汽車有限公司（Rolls-Royce Motor Cars Limited）是英國一家豪華汽車製造商，為寶馬集團的全資子公司。勞斯萊斯汽車起源於 1906 年由亨利．羅伊斯（Henry Royce）和查爾斯．羅爾斯（Charles Rolls）創建的勞斯萊斯有限公司。

12. 義法廚房：Mr. J 義法廚房是藝人周杰倫與友人投資 500 萬新台幣開的意大利餐廳，共兩家，均位於台灣台北，客人對象以學生和老師為主，食物價錢走平民學生路線。

13. 工作能力：指一個人擔任一個職位的一組標準化的要求，用作判斷他是否稱職，包括他的知識、技能及行為是否能夠配合他的工作。簡單來說，指他有沒有能力（包括本能、潛能、才能與技能）擔任一個職位。
    價值：指創造一切物質，在社會、階級和個人有一定的承擔。

14. 《香港 01》，是一家互聯網企業，核心業務為倡議型媒體，主要傳播平台是手機應用程式和網站。

15. 香港賽馬會六合彩投注的單位為每注港幣 10 元，每期六合彩攪珠均從 49 個號碼中攪出 7 個號碼。首 6 個號碼為「攪出號碼」，第 7 個號碼稱為「特別號碼」。獲獎詳情見下：

頭獎	選中 6 個	「攪出號碼」	獎金會因應該期獲中頭獎注數而有所不同，每期頭獎獎金基金訂為不少於港幣 800 萬元。
二獎	選中 5 個	「攪出號碼」+「特別號碼」	獎金會因應該期獲中二獎注數而有所不同。
三獎	選中 5 個	「攪出號碼」	獎金會因應該期獲中三獎注數而有所不同。
四獎	選中 4 個	「攪出號碼」+「特別號碼」	固定獎金港幣 9,600 元
五獎	選中 4 個	「攪出號碼」	固定獎金港幣 640 元
六獎	選中 3 個	「攪出號碼」+「特別號碼」	固定獎金港幣 320 元
七獎	選中 3 個	「攪出號碼」	固定獎金港幣 40 元

\# 資料來源：香港賽馬會。

16. 即中七獎，也稱為安慰獎，中了 3 個「攪出號碼」，獲得固定獎金港幣 40 元。

17. 香港賽馬會自 1976 年引入六合彩，掀起合法發財夢，那時每注金額為港幣 2 元。
    1991 年起每注金額加至港幣 4 元。
    1995 年，六合彩每注金額加至港幣 5 元。
    2010 年 11 月 9 日，賽馬會轉用新型攪珠機，每注金額加至港幣 10 元。
    目前，六合彩每注港幣 10 元，同時也可購買港幣 5 元（即半注）只適用於「複式」及「膽拖」投注。購買半注意味獎金只獲一半。

18. 肥爸爸的忍痛能力很低，即便是少少痛楚，他也會七情上面，張開口就哎喲哎喲地呱呱叫，滿臉通紅皺眉頭，好像十分痛苦。

19. 金多寶的「多寶」是獎金累積的意思。根據香港賽馬會的解釋，金多寶是指：每逢特別節日舉辦的「金多寶」攪珠，都會從金多寶彩池中撥出金多寶金額，以增加頭獎基金至一個特定金額，為頭獎得主帶來更豐厚獎金。「金多寶」攪珠通常在每年多個節日如農曆新年、端午節及中秋節舉行。

CHAPTER 2

興趣玩到極致，
你無限可能

引言

跟你談談興趣，你有興趣嗎？你的興趣是什麼？
如果你的家人擅長某種興趣，但是沒有人賞識，
你知道如何成就你的家人嗎？
你相信自己有無限可能嗎？
你是一個大寶藏，你擁有的興趣就是憑證，
快來發掘和培養興趣，一起探索「興趣之旅」吧！

本文將與你分享：

1. 探討：如何協助家人把興趣變成夢想？
2. 你知道什麼是興趣嗎？
3. 你了解興趣的特性嗎？
4. 為什麼說每人至少要有一項興趣呢？
5. 為了興趣，你可以去到幾盡？
6. 如何培養興趣？

1

探討：如何協助家人把興趣變成夢想？

你有沒有想過協助家人把興趣變成夢想？三年前，我就想過這個問題，然後決定為家人構築一個夢。我的肥爸爸是一個喜歡畫畫的人，我決定為他舉辦一個小型畫展。以下與你分享我如何協助肥爸爸把興趣變成夢想：

舉辦畫展緣起

肥爸爸完全沒有想過自己會辦一個畫展，只是他的愛好我看在眼裡，然後偷偷地在規劃和安排。我為肥爸爸舉辦畫展的構想，源於以下三個原因：

肥爸爸熱愛畫畫，他畫了一輩子。肥爸爸說他小時候每個科目都不合格，唯有畫畫最高分，他就是喜歡畫畫。平日，他會在報紙上畫畫，或者在過期掛曆的空白頁面畫畫，他隨意畫，想畫什麼就畫下來，畫完就問我們畫得如何。我們會讚美他畫得漂亮，或者生動，他聽了就會很開心。

可是，肥爸爸覺得自己讀了兩年小學，沒有什麼成就。我就想通過為肥爸爸舉辦一個小型畫展，然後告訴他，只要找到自己熱愛的興趣，並且堅持練習，讀書不多也可以有一番作為，他是一個令女兒驕傲、自豪的肥爸爸。

肥爸爸為人樂觀，率性頑皮，他的作品淳樸、有趣，充滿童真，帶給人快樂。我希望把這份快樂的情懷傳遞給更多人欣賞，也為受經濟低迷和受新冠疫情影響的人們打氣。

2020 年 6 月 22 日晚上，媽媽在老人院出事送去醫院，肥爸爸也在同日晚上在家跌倒昏迷送去醫院，媽媽在 7 月初安詳離世，肥爸爸住院一個多月才平安回家。自此，肥爸爸的行動和身體機能比之前退化快，我怕他再次跌倒，更怕他很快會離開我們。媽媽已經走了，我沒有什麼好的禮物送給肥爸爸，我希望為肥爸爸舉辦一個畫展，同姐姐一起送一份離別禮物給他，希望他將來帶著歡欣離開。

年齡是加數，
人生是減數，
只有堅持夢想，
人生才會豐盛圓滿！

刻意訓練肥爸爸

既然要舉辦畫展，就不能再讓肥爸爸隨心隨意在報紙上畫畫，需要刻意加強練習，以下是我為肥爸爸做的準備工作：

首先，「工欲善其事，必先利其器。」這是出自《論語》，孔子告訴子貢，一個做手工或者做工藝的人，要想把工作完成，或者做得完善，就要先把工具準備好。因此，這三年多來，我不斷為肥爸爸購買素描簿、畫紙、畫筆和顏色筆，讓他有材料和工具畫畫。

其次，在訓練上刻意安排。

第一年，我什麼也不說，讓肥爸爸在素描簿上隨心隨意畫畫，讓他習慣天天畫畫和自己填色。（媽媽未出事前，肥爸爸偶然畫畫，媽媽就協助填色。）

第二年，我開始尋找外面的畫畫比賽，並留意哪些畫畫比賽適合肥爸爸參加，找到之後就給他報名。我給肥爸爸報了由康樂及文化事務署香港公共圖書館舉辦的「兒童圖畫故事組」比賽，肥爸爸的年齡與作品符合參賽要求，但我知道肥爸爸畫的畫不符合獲獎規則，這不要緊，是否獲獎不是我參賽的目標。參加外面的畫畫比賽，只是讓肥爸爸用認真的態度去對待畫畫，以及更加用心去畫畫。我購買畫紙給肥爸爸作畫，最初我口頭上提他畫紙四面留白邊，因為作品呈交以「裝釘」畫冊形式展示。肥爸爸說好，可是當我看他的作品時，有一半作品沒有在畫紙的四面留白邊，肥爸爸說作畫時忘記了。我給他自由，結果一半畫紙不能使用，作品要重畫。我重新購買畫紙，然後用藍色的「寶貼」（Blu-Tack，人工合成的橡膠化合物）在每張畫紙上面貼上四張邊界紙條，告訴他畫畫不能過紙條邊界，這樣做才能夠提高作品的可用性。

2021 年 2 月，我欣喜獲知申請舉辦畫展的場地獲得審批，舉辦日期是 2021 年年底的聖誕節。我見肥爸爸畫畫比較認真，畫得不錯，大概過了半年後，我才告訴肥爸爸幫他在年底舉辦畫展，叫他再加倍認真畫畫。肥爸爸既高興又擔心，一度拒絕不辦畫展，我安撫了他，叫他不用想太多，專心畫畫就可以了，其他事情我來安排。

鼓勵肥爸爸

對於肥爸爸的練習作品，我偶爾會發給姐姐和她的女兒、我的好朋友、肥爸爸美國的朋友、肥爸爸家鄉的親人們看，他們看了肥爸爸的畫作之後，會讚美肥爸爸，有的發語音鼓勵肥爸爸，有的打電話說肥爸爸畫得很有趣，肥爸爸收到這些回饋很高興，然後更加用心畫畫。

肥爸爸半抱怨半偷偷樂地向姐姐投訴，說他很忙，要畫我交給他的題材和練習。肥爸爸的作品類別有：家禽與海鮮、飛禽走獸、鄉村與城市風貌，還有認識節日、去旅行等等，畫風淳樸，簡單有趣。可是，我想讓肥爸爸嘗試增加畫新事物，這有助訓練腦袋的靈活性。我讓肥爸爸嘗試畫老虎、貓、小狗、羽毛、蟹，肥爸爸說沒有畫過這些，不會畫。我答不要緊，我上網找一些圖片，你看著模仿，肥爸爸說好。然後，肥爸爸表示老虎好難畫，我鼓勵他，經過一個星期練習之後，肥爸爸畫的老虎越來越有進步，其他的也畫得不錯。

肥爸爸不是平白答應我給他的訓練題材，他會提出要求。肥爸爸提出的要求，我和姐姐基本上盡量滿足。肥爸爸喜歡吃，所以他會要求吃什麼，要我煮什麼給他吃，慰勞他辛勤的付出。其中，他喜歡吃魚，由於工作，我不方便買魚，姐姐定期買游水、新鮮的魚，我就負責煮給他吃，他就會笑得眼彎彎，吃得津津有味。

另外，肥爸爸說畫畫需要集中精神，眼睛會累，要用眼藥水，我和姐姐就定期買眼藥水給他。其實，肥爸爸平日很喜歡睡覺，他的眼睛比我和姐姐的眼睛又大又亮。有時候，他用眼藥水的原因不是眼睛疲累，而是他說眼睛不夠亮。

策劃與安排畫展

在 2020 年年底，我開始尋找場地為肥爸爸舉辦畫展。我希望畫展的場地是人們熟悉，方便尋找及到達，譬如：香港文化中心、香港藝術中心。如果期望的場地申請不成功，後備方案是：畫廊、社區中心，或者地鐵站內提供展示藝術作品的區域。上網尋找和了解資料後，我決定向香港文化中心申請場地。其實，在申請舉辦畫展場地時，我很忐忑，因為我以往沒有個人舉辦展覽的經驗，相關經驗是以前曾在非牟利機構做過活動策劃、統籌，以機構的名義向政府申請場地舉辦活動。也許是這些相關經驗，也許是我為肥爸爸圓夢，香港文化中心酌情考慮及批准我的申請，因此在這方面，我真

的非常感謝香港文化中心對我和肥爸爸的支持、鼓勵與關懷。

　　我知道申請結果半年後才告訴肥爸爸，是希望肥爸爸的心情不被打擾，讓他多一些時間平靜、無憂、自在地畫畫。到下半年才告訴肥爸爸，是讓他有心理準備，讓他更用心去畫畫。

　　然後是畫展的準備過程，包括：宣傳品的製作和設計，跟文化中心的職員聯絡，視察場地，人員安排，技術支援，當天的流程安排等等。

　　再補充一點，把興趣變成夢想需要金錢去支持。為了協助肥爸爸舉辦畫展和由畫展而衍生出書的構想，我就開始儲蓄，除了必要的支出，其他全部存下來去築夢。如果你也有夢想，但不知道如何展開，可以先行儲蓄。正如《三國演義．第四十九回》劉備派諸葛亮說服孫權一起抵抗曹操，於是孫權命周瑜用火攻曹操，當中出現變化令周瑜擔憂而病，臥床不起。諸葛亮寫出藥方：「欲破曹公，宜用火攻，萬事俱備，只欠東風。」結果真的刮起東南大風，曹操損失慘重，這就是赤壁之戰形成三國鼎立局面。回到文章，屆時你的東風（金錢）準備好，萬事開頭難的壓力就可以減少。你同意嗎？

小結

　　有句話說得好：「人生在世，應該在芬芳別人時，同步美麗自己。」我出版這本書的原意是提升畫展的內涵，為肥爸爸舉辦畫展，這似乎是我成就了肥爸爸，為肥爸爸圓一個畫展夢。其實，照顧肥爸爸，我加深了對他的了解、認可、關心和愛；也由於照顧肥爸爸，促使我對很多事情有深入的了解和思考，這段期間的經歷令我仿佛突然間成長了。我把這些成長經歷和感悟跟讀者分享，對我來說，是打破「舒適圈」，是一個很好的挑戰和嘗試，而這一切是肥爸爸和媽媽帶給我寶貴的人生體驗。沒有肥爸爸和媽媽給予的經歷，估計我到現在還是一朵溫室的小花。

綜上所述，每個人也會因興趣
而有無限可能，如果你或者你的家人
有追求自己熱愛的興趣，你可以考慮
把興趣提升到一個層次，甚至變成夢
想。至於家人的興趣是否能夠變成夢
想，是很需要身邊至親的認可、鼓勵
與支持。而你是否支持家人（他）的
興趣，視乎你對他和他的興趣的了
解。如果用一個字形容如何協助家
人把興趣變成夢想，這個字就是：
「愛」。你，同意嗎？

其實，透過上文我的心路歷程分享「探討：如何協助家人把興
趣變成夢想？」，你會發現興趣不僅僅是興趣，興趣還可以增加與
家人的互動，驅動興趣也可以盡孝道。如何驅動興趣？除了情感方
面的投入，還可以從學術層面去了解和實踐。下一篇文章與你一起
逐步了解興趣。

2 你知道什麼是興趣嗎？

如果你希望透過興趣來發展事業，或者借助興趣走向成功，你可以先由認識興趣開始，包括：了解興趣的定義、分類、本質、特性，如何培養興趣等等。當你對興趣有一定的了解，就可以設定，或者重新規劃，或者確立你感興趣的方向（即事情），繼而制定目標與策略，然後努力堅持向前邁步。現在，準備好就出發探索興趣。

興趣的定義

* 興趣為心理學科 *

在學科上，興趣屬於心理學，是認識或者從事某些事情、某種活動的心理傾向。在一段時間內，人對某些事情或者某些活動產生興趣，他就會特別關注該事物或該活動的發展，進而投入參與其中，甚至產生愉悅的情感。

興趣可以分為個人興趣和社會興趣。以下先講個人興趣：

* 個人興趣 *

我嘗試拆解個人興趣，個人是包含個性、個人化的意思。興趣是客體、對象，也是事物。個人興趣，我理解為：個別人士對某些事情的探索與了解，當中也許會產生痛苦和快樂的情緒。

根據網絡解釋，個人興趣是指：個人力求接近，探索某種事物或從事某種活動，產生帶有傾向性、選擇性的態度和情緒，或者對某種事情或

某種活動的態度和傾向，通常不以賺錢或者工作而參與這些活動為目的，是自發性的行為。當然，你的興趣發展到公眾認可的水平，你就有機會因興趣而獲得金錢或者非金錢的回報。你同意嗎？

✳ 社會興趣 ✳

社會興趣是指人對社會某一領域的普遍興趣，或者社會某一領域影響人們的普遍需求。譬如：隨著經濟、文化、自媒體[1]等的發展，人們會對文化、資訊等的認知和展現由文字轉向聲音，再轉向畫面，也是轉向視頻的普及展示。

根據亞伯拉罕·馬斯洛（Abraham Harold Maslow）的需求層次，人們的普遍需求由下往上分別是：生理需求、安全需求、社交需求、尊重需求及自我實現需求。當人的基本需求得到滿足，人就會向精神方面的需求發展，追求自我實現層級需求，希望為美好的未來努力奮鬥，展現在興趣方面的表現為對文化、藝術、夢想等等方面的追求。也可以說，興趣是在需要的基礎上產生，也是在需要的基礎上發展。

興趣和它的「兄弟姊妹」

在名詞解釋上，興趣的同義詞有：喜歡、喜好、嗜好和愛好，它們恍如興趣的「兄弟姊妹」，彼此的意思相接近，但有各自的特質。興趣也稱為「愛好」，但是有別於愛好。以下逐一略作解說：

喜歡：是指愉快、喜愛，對人或事物有好感。喜歡是一種感覺，包括：欣賞、仰慕、羨慕、傾慕、崇拜，想靠近或接近。例如：我喜歡你，並不代表我愛你，只是我欣賞你，我想親近你，我願意協助你，我希望學習你的優點等等。又如，我喜歡彈琴，彈琴令我感到快樂和放鬆。

喜好：是指愛好、喜歡。例如：只要是他喜好的事情，他就會盡一切努力去爭取或者做到最好。

嗜好：是指特別（特殊）的喜好，凡本性所愛好的皆為嗜好。（在普通話的表達，嗜好帶有貶義意味，指不良愛好。然而，在粵語中，嗜好和愛好沒有褒貶之分。）例如：嗜好是集郵，收集古代的錢幣，收集獨特的石頭等等。又如：這個人別無嗜好，只是每天都想喝一杯酒。

愛好：是指人對某種事物具有濃厚的興趣，並積極參與。這種參與的時間比較長，也許是一輩子保持對一項事物的熱愛，並且產生愉快的心情。譬如：72 歲的美國老人用了 41 年拍攝蓮花，他拍攝的蓮花惟妙惟肖，令很多人驚歎，可見他對蓮花的熱愛。興趣與愛好最大的分別是：興趣有認識或者探索傾向，而愛好就有投入和參與傾向。

來到這裡，給你一個小小的任務：根據以上的說法，你可以自行編排誰是興趣的兄長，誰是弟弟，誰是姐姐和誰是妹妹。

你知道興趣有什麼類別嗎？

興趣是由好奇心和需要產生，人對某種事物或者某種活動產生好奇及需要，就會去觀察，關注該事物或者該活動，甚至積極投入，參與其中去探索和研究。根據興趣的產生方式，興趣可以分為兩大類：

✱ 直接興趣與間接興趣 ✱

直接興趣是指人對活動過程的興趣。直接興趣維持的時間相對短暫，基於某項活動而產生，隨著某項活動的結束而消失。譬如：小 A 喜歡看電影，星期六，她購買電影票進入電影院觀看電影，她很享受在觀看電影的過程中放鬆。當小 A 看完電影，她對電影的關注就會消失。

間接興趣是指人對活動過程所產生結果的興趣。間接興趣維持的時間相對持久，不會因為活動的結束而消失。例如：小 B 喜歡化妝，一次，她化妝後參加宴會成為全場焦點，並且被很多朋友讚美和邀請一起拍照。小 B 的自信心提升，於是報讀化妝和頭髮造型課程，希望日後從事這方面的工作。宴會結束後，小 B 對化妝的興趣不減，反而更加濃厚，繼而報讀課程進一步去探索化妝知識。

　　直接興趣是過程導向，間接興趣是結果導向。如果只有直接興趣，很難成就大事。相反，如果只有間接興趣，人生會少了樂趣。因此，直接興趣和間接興趣可以互相結合，才能既享受快樂，又能持之以恆為目標而奮鬥，相對容易有成就。

＊ 物質興趣與精神興趣 ＊

　　根據百度百科的解釋，物質興趣是指人們對舒適的物質生活（如：衣、食、住、行等）的興趣和追求，精神興趣主要是人們對精神生活（如：學習、研究、文學、藝術、知識等）的興趣和追求。

　　人活著就要吃東西，要穿衣服，要有居住的地方，就讀與工作要使用交通工具，這是人基本的生理與安全需求。因應這些需求產生相關的興趣和追求，例如：喜歡美食，喜歡化妝，喜歡打扮，購買名牌飾品，年年更換新款車，購買名錶等等，這些都是物質興趣的例子。

　　人有一定的知識、財富、技能、人生觀、價值觀、自我意識、外部環境影響等等，會衍生出精神興趣。這些屬於社交需求、尊重需求與自我實現需求，產生的興趣可以是：彈琴、畫畫、書法、插花、唱歌、跳舞、學術研究、寫文章等等，這些都是精神興趣的例子。

　　隨著環境的影響與人的經歷轉變，物質興趣和精神興趣可以互相轉換。人可以由對物質的追求轉為對精神的追求，也可以由精神的追求轉向物質的追求。當人生觀、價值觀和世界觀發展未完全形

興趣玩到極致，你無限可能

63

成時，物質興趣和精神興趣有需要受到引導，引導者可以是：父母、師長、書本、媒體和智者等等。關於這個觀點，你有什麼看法？歡迎互相交流和指導。

興趣的本質是什麼？

興趣不僅僅是對某些事情有表面的關心，而是希望對該等事情的關注和參與，因為極度投入而產生的一種快樂和滿足的情緒，額外的獎賞也許能夠賺錢，能夠結交新朋友，能夠得到新舊朋友的賞識，甚至成為某一領域出色的人士等等。例如：中國福建的陳景潤對數學產生興趣，源於受到留英博士沈元教授的啟蒙，他聽了沈教授講的數學故事，對故事中的奇數和偶數問題產生了濃厚的興趣，於是他在課餘時間到圖書館大量閱讀，獲得「書呆子」的稱號。他非常勤奮，有頑強的毅力，多年來鑽研數學，廢寢忘餐，每天工作 12 小時以上。他發表的論文《大偶數表為一個素數及一個不超過兩個素數的乘積之和》，證明了命題「1+2」，為「哥德巴赫猜想」研究上的里程碑，被國際譽為「陳氏定理」。

陳景潤能夠成為出色的數學家和中國科學院院士，源於數學故事引起的興趣，他自此勤奮學習與忘我鑽研數學，生病也不忘學習，最終取得「解析數論」研究領域多項重大成果。所以，興趣不僅僅是興趣，你越重視它，越懂得與它互相作用，它就能帶給你越大的回報。你同意嗎？

興趣的特性又指興趣的特點。由於興趣是個人對某些事情或者某些活動的態度與傾向，這種態度與傾向會受社會發展而相互影響。在這個層面的認知下，興趣的特性包括以下幾種：

興趣有制約性

制約性可以理解為條件性，指興趣在某種條件下產生的反應。這些條件包括：每個人的環境不同，社會階級不同，職業不同，文化水平不同，引致各人的思想有差異化，這些差異化所產生的興趣也不一樣。例如：有人喜歡把小貓、小狗當寵物養，把小貓、小狗視為人的孩子，帶生病的小貓、小狗看獸醫，相比人去看醫生付出的費用還要高。有人覺得繳付基本的房屋租金也成問題，即使他有小貓、小狗，也不會把牠們當寵物養。由於人們存在差異化，小貓、小狗遇到不同的主人就會有不同的待遇。

興趣有傾向性

興趣的傾向性也受上述提到的制約性影響，不過這裡的傾向性特別指不同性格的人會有不同的興趣。不同性格的人，對不同事物、不同活動產生的喜好不同。有人性格好動，興趣偏向動態，例如：跳拉丁舞、踢足球、滑雪、劍擊、游水、打跆拳道等等。有人性格好靜，興趣偏向靜態，譬如：欣賞音樂會、畫畫、插花、閱讀、看電影等等。

興趣有廣博性及狹窄性

這好比通才（對很多事情都有認知和了解）與專才（只對專業有研究和了解），興趣的廣博性相當於通才，興趣的狹窄性相當於專才。興趣的廣博性指人有很多種興趣，包括：彈鋼琴、下象棋、書法、畫畫、跳舞、游泳、太極、風水、寫作、寫程式、破解駭客攻擊等等，可以對這些興趣有深入或者粗淺的認知。興趣的狹窄性指人的興趣不多，也許只有一兩項單一的興趣，而且對很多事情不感興趣，也不關心。

如果可以，請培養多於一個領域的興趣，為什麼呢？英國經濟學家威廉・貝弗里奇（William Beveridge）的名句值得你細細品味：「成功的科學家往往是興趣廣泛的人，他們的獨創精神可能來自他們的博學。多樣化會使人觀點新鮮，而過於長時間鑽研一個狹窄的領域，則易使人愚蠢。」如果你套用某些男人一生會有多於一個女性伴侶去理解威廉・貝弗里奇的觀點，新鮮感這個關鍵詞就被挑出來了，在男女平等的社會，男女也喜歡新奇的事物。培養多於一個領域的興趣，不一定要成為科學家，也不是為了去取悅異性，而是令自己的生活充滿情趣。對此，你有什麼想法呢？

興趣有持久性

這指維持興趣的時間長短，有些人維持興趣的時間長，有些人維持興趣的時間短。例如：中學時期，我想學習太極，上了幾堂課，學不會就放棄。這反映我對太極的了解不多，只有表面的認知和短暫喜歡，也反映那時的我遇上少少挫折就放棄，是意志力不堅定的表現。

興趣有變動性

興趣受個人對事物的認知、學識和需要影響。當人對事物的了解產生變化,興趣就會有變動,這好比情侶因了解而分開。例如:當你不再對跳舞有興趣,你就會停止跳舞或者停止對跳舞的探索。另外,如果你的工作需要唱歌表演,你就會學習唱歌和對歌唱技巧進行探索。

了解興趣的特點有什麼好處?你可以根據以上興趣的特點作為參考,檢視你目前的興趣,了解自己的興趣產生基於什麼特點,而這些興趣是否需要作出調整或者變更。因為興趣在你手,你就是興趣的主人,一切可以逆轉。你認同嗎?

4

為什麼說每人至少要有一項興趣呢？

你有一項或者多項興趣嗎？如果沒有，我建議你至少培養一項興趣。為什麼呢？有好處嗎？你有沒有想過這個問題？我想過，有以下三個觀點與你分享，供你參考：

退休生活的精神寄託

我有一位好朋友，她叫 E.E，我很認同她對興趣的觀點，以下跟你分享：

E.E 說她報讀了一個財務分析的課程，跟她工作的行業完全不同，反而跟她業餘進修的一個會計學位相關，可是她日後並不打算從事會計工作。我對此感到很奇怪，我就問她：「你報讀這個財務分析課程是為了買股票，更好地選擇有盈利潛質的股票嗎？」她說不是，並且說股票是一個比較複雜的學問，除了需要看很多資料，還需要不斷去「操練」積累經驗，沒有那麼容易賺錢。

我再追問她原因，她表示報讀財務分析課程是為了年老消磨時間。啊！這個觀點很獨特。為什麼呢？她說喜歡看數字，財務分析其實很有趣，需要很多時間去尋找行業數據，了解發行股票公司的動態發展，還要關注環球時局的變化、本地政治、國家或者地區政策等等，大量的資料需要很多時間慢慢去了解，才能作出評估和分析。人老了，沒什麼事情幹，學財務分析很有用，可以不斷去研究這些資料，既保持對社會形勢的觸覺，又有助訓練腦袋的靈活性，有事情可以做，順便賺一點兒錢，簡直就是達到多贏的局面。

E.E 的觀點是不是非常好呢？人老了，要懂得安排自己的年老生活，要規劃事情做，讓自己忙碌起來。好處是：一、不會胡思亂想，覺得自己年老沒有價值；二、不管年齡多大，都可以選擇像年青人一樣，充滿力量；三、學會與自己獨處，兒女有自己的生活，沒有那麼多時間陪伴。最好的方法是：趁年輕就培養自己的興趣，年老了，子女陪在你身邊高興，不能陪伴你，你也能做自己高興的事情，自得其樂。

　　為什麼我很同意 E.E 的觀點呢？不是因為她是我的好朋友，也不是因為她說得很對，而是我看過悲涼的一面。曾經，我有機會在社區工作，服務的對象是低下階層的居民，而且比較多老年人，他們有相當一部分需要領取政府的綜合社會保障援助計劃（簡稱「綜援」）生活。如果社區沒有舉辦給長者的健康活動，或者沒有舉辦凝聚居民（特別主題、特別節目等）的活動，他們除了吃飯，在家看電視之外，就會去社區的公園，或者坐著跟鄰居聊天，或者坐著睡覺，天天如此。如果你老了，每天也去公園，坐著閒聊，吃飯就回家，這樣的生活你喜歡嗎？你願意這樣安排自己的退休生活嗎？

　　人很奇怪，對比會產生心理落差。如果有得選，大部分人一定會選擇自己喜歡的年老生活。2021 年 9 月底，香港無綫新聞台報導一位 72 歲的貴陽大爺跳鋼管舞，大爺表示不喜歡老年人去公園下象棋的生活方式，他喜歡跳舞，喜歡運動。他 65 歲開始接觸和學習鋼管舞，遭到身邊所有人反對，但他堅持自己的愛好，經過學習和訓練後，他能夠完成一系列高難度的鋼管舞技巧，令人驚嘆！所以，年齡不是問題，什麼年紀都可以選擇自己想要的生活，可以從培養自己的興趣開始。From now on, just do it!（從今天開始行動吧！）

興趣玩到極致，你無限可能

拍拖的話題

你有拍拖的經歷嗎？如果沒有，那你應該有結交新朋友的經歷吧？！其實，拍拖或者結交新朋友，兩者有異曲同工之處，最初階段是互相認識，在互相介紹環節會提到各自的興趣，有了討論的話題，彼此就可以互相交流。如果彼此有共同的興趣，就像打開話匣子一樣，找到同類人，瞬間拉近彼此的距離。譬如：兩人也喜歡打遊戲，那聊天的話題可以是：打什麼遊戲？什麼時候在線？有沒有直播打遊戲？喜歡遊戲的哪一個角色？為什麼喜歡那個角色？打遊戲的取分策略如何？相約連線在一起打遊戲，修讀遊戲設計課程，從事遊戲設計工作，創立遊戲發展公司等等。

你看，相同的興趣為彼此製造了共同話題，製造了彼此互相交流的機會。在交流的過程中，增加彼此的認識和了解，甚至互相吸引，聊到興奮處，會容易達到「心流」（英文為 Flow，指專注或者忘我）的狀態。在專注的交流中產生默契，彼此就容易看上眼，願意成為朋友，成為朋友就有進一步的發展空間。如果找對象，愉快的交流體驗容易發展成為情侶；如果結交朋友，可以發展為惺惺相惜、互相欣賞的朋友。所以，為了譜出一段戀情，或者為了多結交一個有共同話題、互相欣賞的朋友，興趣會起到重要的橋樑作用。如果你沒有建立興趣，那就立刻行動，去發掘和培養自己的興趣吧！

未雨綢繆迎接人工智能（AI）的挑戰

在 2018 年，我曾經寫過文章探究人工智能（以下簡稱 AI）發展對工作的衝擊。尤其是思考人們的工作會不會被 AI 取代？如果大部分工作被取代，人們可以做什麼？人們的價值何在？

媒體報導表示大量重複性、簡單的工作會被取代，例如：收銀員、客戶服務員、接線員、打字員、清潔工、司機、銀行職員、廚師等等。今天，你一定不會陌生，你眼中所見，生活上會使用到：語音系統，

把聲音變成文字；上網購物（例如網上購物平台——淘寶），會有智能客服機械人提供售前與售後的客戶服務；某些網上課程（如：編程），授課老師是人工智能客服機械人；很多工廠普遍使用機器或者機械人投入生產線協助製造產品和運送物資；多年前香港的公共圖書館已經使用自助借書服務；早幾年，深圳的銀行已有自助機開戶服務；社交媒體曾經流傳披薩（Pizza）機械人、咖啡機械人、炒菜機械人的視頻；很多地方有自助售賣機（如：售賣飲品、保健品、書籍、雨傘、車票等），客人可以透過「八達通」或者入鈔票付款；部分超市有自助結帳機；有自助洗衣店；新冠疫情時期，有機械人自助送餐；可以預見，無人駕駛將會是未來的流行趨勢……

　　AI 發展引致的工業革命帶給人們生活各方面的便利，同時節省很多人力資源，這意味著未來人們投入正職工作的時間會減少，變相會多了空閒的時間。這些多出的時間不能天天吃喝玩樂，短期也許可以接受。如果你是有想法的人，當夜闌人靜，白天繁忙的生活和表面繁華的生活暫停，天天無所事事，你會感覺空虛、寂寞，生活頹廢，虛度光陰。然後，你可能會思考人活著的意義與價值。根據亞伯拉罕‧馬斯洛（Abraham Harold Maslow）的需求層次，由下往上分別是：生理需求、安全需求、社交需求、尊重需求及自我實現需求。當前面四個需求獲得滿足後，或者當人有強烈的目標，人們就會花時間去追求自我實現層級需求。

　　那麼在 AI 發展的年代，人們可以做什麼就能擁有一份不容易被淘汰的工作呢？如何消磨大量的空閒時間呢？那就是發展自己的興趣，做自己想做的事情，做自己想研究的事情，做自己愛好的事情，甚至增值學習與 AI 相關的課程……關於這個觀點，你有什麼想法呢？歡迎你與我交流。

5

為了興趣，你可以去到幾盡？

捍衛你的興趣很重要

你知道這個標題想帶出什麼意思嗎？這不僅要努力關注興趣，克服探索興趣過程中出現的困難，還要堅守或者捍衛你擁有的興趣，堅持你想做的事情。只要選擇的興趣不違法，就可以努力去追尋。為什麼說捍衛自己的興趣呢？因為有時你身邊最親近的人，譬如：你的父母會因為種種主觀或者客觀原因而扼殺你的興趣，甚至反對你建立的興趣。你有這樣的經歷嗎？

媽媽和我的故事

我的肥爸爸擅長扼殺家人的興趣，媽媽曾經有營運糖水店的構想，肥爸爸怕風險大，怕蝕本，反對媽媽經營糖水店。當年媽媽在心理上和財力上不足夠強大，因而聽從肥爸爸的意見，結果媽媽的構想幻滅。

當我告訴肥爸爸，我將會為他籌辦一個小型畫展，肥爸爸聽到後立刻反對。反對理由是擔心用很多錢，也害怕要做很多事情，很麻煩。我告訴肥爸爸，不用擔心，小型畫展用的是有限錢，我和姐姐可以負擔。在策劃上，我會安排及處理，他只需要負責專心畫畫便可以。而且，畫展的日期和場地已經確定，不能變更。一切如釘在板子上，肥爸爸反對無效，於是他欣然接受。

堅持，堅持，堅持自己想做的事情很重要。當然，堅持的背後有充足的準備，會增加成功捍衛興趣的籌碼。媽媽沒有堅持，被肥爸爸扼殺她

的想法。我堅持自己的想法，預早計劃，成功爭取自己主導想做的事情。

莎士比亞的故事

你聽過英國劇作家和詩人 —— 威廉‧莎士比亞（William Shakespeare）的故事嗎？莎士比亞的父親是一個經營手套、羊毛、皮革的精明能幹商人，他希望子承父業，希望莎士比亞繼承他的經商業務。可是，莎士比亞不喜歡經商，他喜歡閱讀羅馬作家用拉丁文寫的歷史故事，喜歡戲劇班子和戲劇。他到劇院工作，替客人看管衣帽，在後台當打雜，有空就去觀看演員們排練。他從小對戲劇產生興趣，長大後從事喜愛的戲劇創作，不斷探索，成為名垂青史的戲劇大師。

莎士比亞的例子說明他清楚自己對興趣（戲劇）的熱忱，因而拒絕聽從父親的安排，走上自己喜歡的戲劇之路，最終成就非凡。

因此，不管是媽媽、我，還是莎士比亞，只要興趣（或想做的事情）是合法的，就應該爭取自己想做的事情，甚至為此作出恰當的反抗。不要做一個太乖巧的孩子，做一個像青少年一樣有少少反叛的孩子，有助培養創造性，也有助達成目標。你說對嗎？

愛迪生的故事

其實，有時候為了熱愛，真的要學習堅持，這裡講的堅持跟以上說的堅持有分別，指在投入興趣的過程中，無論遇到多大的困難，都不放棄。正如發明家湯瑪斯‧阿爾瓦‧愛迪生（Thomas Alva Edison），你聽過他為了興趣，努力奮鬥，堅持不懈的故事嗎？

愛迪生 12 歲時在火車上賣報紙，車長同意他賣完報紙就在乘客吸煙專用的一節車廂做實驗。一次，開動的火車突然震動，把一瓶白磷震倒，磷遇到空氣就燃燒，火車上有很多人和愛迪生一起撲火。

這件事令車長非常生氣，把愛迪生做實驗的物品扔出去，還大力打了愛迪生一個耳光，使他的一隻耳朵聽力受損，耳聾了。愛迪生沒有因此而放棄，他重新做化學實驗。一次，硫酸燒毀了他的衣服。還有一次，他的眼睛差點被硝酸弄瞎。由此可見，愛迪生的興趣充滿危險，但他不向危險和困難屈服，最終發明和改良的物品總數超過 2000 項，被傳媒授予「門洛派克的奇才」稱號，也被公認為「發明之王」。愛迪生留下的成功秘訣是：「百分之一是靈感，百分之九十九是努力！」

　　愛迪生的發明造福社會，造福廣大人民，他發明的留聲機、電影攝影機、電燈等對世界有深遠影響，他對科學的鑽研精神更是令人敬佩。愛迪生的故事令人明白面對自己熱愛的事情要全情投入，不怕困難和險阻，努力奮鬥，才會成功。看了愛迪生的故事，你會不會思考：如果你擁有一項興趣，你可以為這項興趣付出多大的努力？你目前的付出是否足夠令到興趣奔向成功？

6
如何培養興趣？

你知道為什麼要培養興趣嗎？我想：是興趣的好處有很多，同意嗎？興趣使人產生求知欲，使人願意努力，願意發奮去探索，從中獲得快樂，獲得成長，消磨時間，甚至達成夢想等等。

想要獲得興趣的好處，就要好好培養興趣。興趣的培養可以分為兩方面，一是發掘興趣，二是培養興趣，以下作出闡述：

發掘興趣

✱ 認識自己，認識世界 ✱

人對自己的了解增加，對世界的認知增加，就容易在自己身處的環境和條件下，根據自己的喜好、特點及需要從事擅長的事情，才容易成功。人如何認識自己呢？可以通過在生活和工作上實踐，通過承擔責任、別人的評價等等，去了解自己的能力、性格，喜歡什麼，擅長什麼……人如何增加對世界的認識呢？可以透過書本，可以透過旅遊，可以透過各種媒體，可以透過與世界各地不同人士的交流等等，去認識世界與探索世界。當對世界的了解增加，才會發現這個世界需要什麼，你需要什麼，彼此之間是否有聯繫……，經過思考，你就會知道自己想建立什麼興趣，想研究什麼事情等等。

✳ 認識左右腦的功能 ✳

你認識左右腦的功能嗎？如果你知道左右腦的功能，你可以更容易建立與培養興趣。

左腦是抽象腦、學術腦，負責邏輯、推理、判斷、分析、語言、計算等。左腦是理性的，把接收到的訊息轉換成語言來表達。開發左腦的興趣可以考慮：學習外語、下圍棋、研究數學、統計、繪圖、設計、會計、玩遊戲等。

右腦是藝術腦、創造腦，負責圖像、音樂、空間、情感、創造力等。右腦是感性的，把所有事物轉化為圖像思考和記憶。開發右腦的興趣可以考慮：唱歌、填詞、跳舞、畫畫、彈琴、文學創作、藝術鑑賞等。

因此，你可以根據左右腦的不同功能，刻意建立與之相關的興趣，進行開發腦袋的潛能，有助培養人的邏輯思考能力和創造能力。

✳ 思考人生的意義 ✳

有些人有一定的經歷及人生閱歷，他就會思考人生的意義。這涉及哲學的思考，例如：我是誰，我從哪裡來，我要去哪裡。以及，會思考科學的問題、道德的問題、宗教的問題，對快樂、藝術、文化等等的探索。

如果想不到應該培養怎樣的興趣，你可以思考人生的意義，也可以看看台灣學者殷海光（原名：殷福生）寫的《人生的意義》一文。該文提到人生有四個層次，包括：物理層（人是物，受物理定律支配）、生物邏輯層（人是生物，有生命的，受生物法則支配）、生物文化層（人與其他生物不同，人有生物文化，有生死意識）和真善美、理想、道德。每一個層次對人有相應的規範，這視乎人對這四個層次的認可程度，並對之作出不同的反應，這些反應可以成

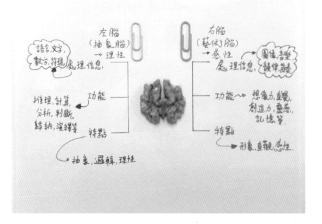

雖然左右腦的功能有區別,但是做事情時,需要左右腦一起完成。換句話說,左腦具有右腦的功能,右腦同樣具有左腦的功能,只是比重不同。

為你建立興趣的參考。另外，你也可以根據美國心理學家亞伯拉罕‧馬斯洛（Abraham Harold Maslow）的需求層次理論，去尋找人生不同需求層次的興趣。

培養興趣

✳ 引導學習，因材施教 ✳

　　這是指對學習者要多加鼓勵和引導。譬如：小 A 學習種植多肉植物，試過幾次也把植物種到枯萎。小 B 對小 A 說：「你不懂種植，不要種了。」小 A 聽了會出現兩種情況，一會放棄，不再種植多肉植物；二會堅持嘗試種植多肉植物，但是他會向售賣多肉植物的店主請教如何種植，或者會購買種植多肉植物的書籍參考，或者上網尋找栽種多肉植物的資訊學習⋯⋯因此，學習新事物，如果有人指導會有助梳理在學習過程中遇到不懂的知識；如果沒有人指導，自己就學習做自己的指導者。作為旁人，多對學習者說正面鼓勵的說話，有助學習者建立信心，並且保持興趣去探索新事物。

另一方面，因材施教很重要。每個人的學習能力、吸收能力不同，需要因應個別情況進行指導和鼓勵。例如：發明家湯瑪斯‧阿爾瓦‧愛迪生（Thomas Alva Edison）童年時期被老師說「笨蛋」，被醫生說「腦子壞了」。他的媽媽讓愛迪生回到家中，認可他不笨，而且向他講科學偉人的故事，藉此鼓勵愛迪生，並且樹立他求學的信心與志氣。愛迪生的媽媽保護了他的個性發展，讓他自主學習，促使他走進科學的奇妙世界裡探索。因此，愛迪生能夠成功，歸功於他媽媽對他的了解，鼓勵他，以及他對科學實驗的熱愛與實踐。

＊ 重視第一印象 ＊

這是指接觸某事物或者某活動的第一次感覺，第一次接觸而產生的接受、喜歡、快樂等的正面情緒。這好比美容院推廣的試做價（或優惠價）療程，美容院會安排最好手藝的美容師，讓顧客獲得最佳面部護理的享受，目的是吸引顧客購買美容療程。回到興趣，相信很多家長曾經帶子女去上興趣體驗課，這令人對課程有大概的認知，如果這些認知是正面的，那就會產生興趣，很大機會繼續學習該事物。

＊ 增加知識儲備 ＊

人的知識越豐富，越容易建立興趣。知識建立可以來自父母（生活各方面的常識，言傳身教的經驗等）、學校的老師（教授學科基礎知識，品格指導等）、工作（工作技能，工作相關範疇的研究等），報讀課程或者自學新事物（自己有興趣了解的事情或活動等）。知識建立的過程是輸入，對所學的知識要透過輸出才可檢視是否消化或者懂得，懂得才有機會產生新的觀點或者新的知識。透過學習去掌握知識或者技能，甚至新知，人就會對該事情或者該活動產生興趣，進一步去繼續探索。對於這個觀點，你有什麼看法？

✻ 生活體驗學習 ✻

生活中萬事萬物也可以學習，例如：童年時期，父母帶子女去街市或者去超市購物，父母可以向子女介紹食品或者物品的故事、來源，甚至與子女一起親手煮食，一起報名學習外界的煮食課堂等。家中的一切衣、食、住、行等也讓孩子參與，從中觀察孩子擅長做什麼，喜歡把時間用在哪一方面，然後加以培養孩子該方面的興趣。譬如：孩子喜歡某電視劇和它的主題曲，她會每天定時與家人看

劇集，甚至跟著一起唱主題曲。一天，孩子主動提出想學習唱歌，父母可以考慮給她報讀歌唱興趣班，然後鼓勵孩子努力學習，參加比賽，參加表演。當孩子獲得鼓勵或獎勵之後，她會更加自信，對唱歌產生興趣。

總結

來到這裡，你還記得興趣的定義嗎？興趣是由好奇心和需要而產生，人對某種事物或某種活動產生好奇和需要，就會去觀察、關注該事物或該活動，甚至積極投入，參與其中去探索及研究。人會對某事物產生濃厚的興趣，基於極度投入探索而產生的一種快樂和滿足的情緒，也許能夠賺錢，能夠結交新朋友，能夠得到新舊朋友的賞識，甚至成為某一領域出色的人士等等。

我花了不少篇幅去講興趣的定義、特徵及如何培養興趣，是希望你對興趣這個主題有多一點兒了解，然後找到自己感興趣的事情，再帶著激情持續探索，推動自己變得更加優秀，你才容易有無限可能。

最後，人生在世，應該在芬芳別人時，同步美麗自己。幫助家人把興趣變成夢想是我和肥爸爸的共同成長，是我們一起學習把興趣變成夢想的實踐。在實踐過程中，我增加了對肥爸爸的了解，姐姐一家和親友們也增加對肥爸爸的互動與鼓勵。鼓勵和認可家人的興趣，協助家人把興趣變成夢想，最大的好處是把愛融合在其中，讓彼此擁有一個珍貴的體驗和美好的回憶。

感謝你花時間閱讀這篇文章，願你培養至少一項興趣，並享受這項興趣帶給你的快樂和好處。

注釋：

1. 普羅大眾通過網絡途徑向外發佈信息，這些信息偏向個人化，透過網絡的互動平台把自己做成焦點，或者整理資訊發佈，讓人關注，尋求認同，以及互相交流。自媒體平台包括：WhatsApp、Facebook、QQ、微信（WeChat）、微信朋友圈、微信公眾號、微信影音號、微博（Weibo）、博客（Blog）、抖音（Tik Tok）、小紅書、西瓜視頻、今日頭條等等。

興趣玩到極致，你無限可能

志當存高遠——I believe I can fly：論激勵與自我激勵的奇妙作用

引言

你知道「志存高遠」的意思嗎？
「志存高遠」：指追求遠大的理想、事業上的抱負。
當一個人有遠大抱負或者目標時，他會向著目標進發，
當中會面對很多困難，憑著信念和信心一一去克服。
可是，有時候信念和信心也會受到衝擊，人會變得脆弱無助，
需要靠別人的鼓勵與支持，或者迅速喚醒自己內心深處的需求，
那就是激勵，有了它，你會充滿鬥志，滿血復活，
你所做的一切才有無限可能。你試過激勵他人或者曾經被人激勵嗎？

你了解激勵嗎？你知道激勵可以調動人的積極性與創造性嗎？
如果你有理想，希望將來擁有豐盛的人生嗎？
如果你擁有企業（或者公司），你希望員工不斷為公司產生價值，
甚至創造社會價值嗎？
這一切的秘密在於你是否懂得激勵，是否能夠在個體和企業上好好運用激勵。
如果想知道當中的秘密，這篇文章適合你閱讀。

本文旨在探討激勵與自我激勵的奇妙作用，以下將與你分享：

1. 你相信自己有無限可能嗎？
2. 你被人激勵過嗎？
3. 什麼是激勵？
4. 如果沒有激勵會怎麼樣？
5. 激勵對個人有什麼重要作用？
6. 如何在你關心的三個層面進行激勵？
7. 激勵存在什麼問題？
8. 企業如何設計有效的激勵？

1

你相信自己有無限可能嗎？

I believe I can fly, I believe I can touch the sky.（我相信我能飛，我相信我能觸摸到天空。）你對這首勵志歌有印象嗎？這是電影 Space Jam（《太空也入樽》）的插曲，由 R. Kelly 主唱。這首歌的歌詞很有意思，Kelly 唱得很有感情，打動人心。對，這首歌在電影中是喬丹打敗怪物拯救地球的背景音樂。我們生活中有怪物嗎？有，每個人都有，生活上的困難、委屈、考試、工作上「背黑鍋」、失業、貧窮、疾病等等，這些名詞都是我們真實面對的怪物。我們想打敗這些怪物嗎？當然想，但是面對這些怪物時，我們會覺得自己很脆弱、很無助，甚至無奈，有時候我們不知道該如何去做，就算知道方法，也因為沒有勇氣去面對困難，甚至沒有力氣去回應。這時候就要靠信念和信心，你相信，你就能做到。If you see it, you will get it.

信念和信心是踏出打怪物的第一步，打怪物的第二步是推動力。推動力怎麼來的呢？推動力是靠自發性，甚至自律地推動自己向目標邁進；如果自己的心靈比較脆弱，可以依靠別人為你打氣和鼓勵，你就會有動力向前邁進。其實，這個推動力是什麼呢？是激勵，下面我會透過一個小故事令你認識什麼是激勵。

2

你被人激勵過嗎？

　　你認為什麼是激勵？告訴你一個有趣的小故事。姐姐七歲的大女兒與姐夫參加親子跑步比賽，姐姐見到大女兒和丈夫跑得落後他人，於是叫小女兒為爸爸打氣。五歲的小女兒很給力，她站起來手舞足蹈地大叫：「無力，加油！無力，加油！」站在旁邊的姐姐立刻大笑，並且糾正小女兒說：「努力，加油！不是無力，加油！」你是否也認為「努力，加油！」才正確呢？一般而言，我們習慣這樣說，但是想深一層，小女兒說：「無力，加油！」也是正確的，因為沒有力氣了，才需要別人打氣鼓勵。所以，我理解的激勵是：指為滿足某種需要的欲望，令被激勵者與激勵者之間產生連結，促使被激勵者振作和突破，從而朝期望的目標（如上述小故事的目標是姐姐希望大女兒和丈夫跑快一點，更希望父女贏得跑步比賽獎項。）邁進，以及達成目標。實際上，激勵的定義是什麼呢？

3 什麼是激勵?

你知道在學術上如何定義激勵嗎?以下跟你一起探討激勵的定義、激勵的三大要素和激勵理論:

激勵的定義

根據 MBA 智庫百科,激勵:指激發與鼓勵。從心理學的角度,激勵:指透過某種外部誘因調動人的積極性和創造性,令人產生內部的驅動力,藉著這股「內力」驅動自己向期望的目標進發。從管理學的角度,激勵:指激發、鼓勵,調動人的熱情與積極性。人的行為表現取決於所受到的激勵程度而定,激勵水平越高,人越有積極性,反之亦然。

激勵的三大要素

激勵的三大要素是:努力、組織目標和需求。激勵是在滿足個人需求(例如:有機會升職,獲得獎金,獲得榮譽等等)的情況下,為達成組織的目標而更加努力工作。換句話說,特定結果的需求沒有被滿足,人受到激勵,就會加倍努力去達成組織(或公司)的目標,從而獲得相應的回報。故此,激勵的三大要素可以理解為:為滿足特定的需求,努力去達成組織目標。

激勵理論

你知道嗎？激勵理論有很多種，包括：亞伯拉罕‧馬斯洛（Abraham Harold Maslow）的需求層級理論、目標設定理論、期望理論等等，在這裡，我只想跟你分享兩種激勵理論，一種是有用，另一種是有趣。

✳ 第一種激勵理論 ✳

首先，我認為由美國心理學家大衛‧麥克利蘭（David McClelland）等人提出的「三需求理論」有用和實在，這種理論是判斷人在工作環境中，有三種主要的動機或需求。以下，你可以看看自己是否正在使用這種理論：

一是成就感需求，指企圖超越別人，達到某些標準，追求成功的驅動力。以我的親身經歷來舉例，我第一份工作的工資不高，工作量大，工作以項目為單位，每個項目基本上由零開始搭建成型，最後成品。當中投入不少人力、物力、財力等資源，見到成品的時候會有很大的滿足感與成就感。你有這樣的經歷嗎？

二是權力需求，指能夠令他人做非意願之事的需求。我覺得這是有必要存在的，有的員工不想做緊急突發的工作，然而卻被最高領導一個命令，或者責罵，他就會立刻快速去執行。例如：一個接單的電腦維修員，因為接了其他單子，而拖延大客戶公司的電腦修理。大客戶的公司在「趕工」，大客戶的老闆就直接聯絡電腦維修員，劈頭蓋臉一頓猛烈的責罵，最後問了一句：「你什麼時候來？」電腦維修員表示馬上來，然後他立刻出發去大公司修理電腦。所以，有時候權力有它的好處，身份就是力量。一般人有膽量不服從嗎？除非他不想要大客戶的單子，除非他賺夠了，不在乎大客戶那麼一點兒金錢。當然，這個例子的電腦維修員刻意拖延的行為是不可取的。

三是歸屬感需求，指追求友誼和良好的人際關係。這點很重要，如果員工不滿意工資或員工福利，但是同事之間能夠互相幫忙，互相關心，這可以令員工對公司的不滿減低，以及增加容忍度，當他還沒有找到另外一份合適的工作，他可以忍耐繼續留下來工作。你有聽過這樣的對白嗎？有人說公司的管理層不知所謂，既不懂業務的知識，遇事又「卸膊」（逃避責任），幸好底下有幾個同事不計較和懂得「補鑊」。因此，員工留下來是同事之間的友誼，令他對公司還有一點兒留戀。那麼，你留在公司工作是基於以上「三需求理論」的哪一種情況呢？

＊ 第二種激勵理論 ＊

第二種激勵理論是由美國心理學家道格拉斯・麥格里戈（Douglas McGregor）提出的 X 理論和 Y 理論。這是對人性兩種截然不同的觀點，我覺得很有趣，以下與你一起探討：

X 理論是指：員工不喜歡工作，懶惰，逃避責任，要強制才能達成績效。Y 理論是指：員工積極主動承擔責任，發揮創意，有自我要求。現在，你可以對號入座，自己或者同事是偏向 X 理論，還是 Y 理論呢？如果是 X 理論該怎麼辦？是 Y 理論又如何？管理層如何激勵員工努力工作，提高效能呢？

如果員工偏向 X 理論，管理者可以強迫、處罰，或者發指令讓員工做事，並且設定工作的時效性，就是每一項工作也有完成的截止時間。坊間有人對公務員有這樣的觀感：「少做少錯，不做不錯，多做多錯。」為了逃避責任，有些公務員是「A字膊」，這也許是監

管、評核與責任承擔機制出現了漏洞。你說，公務員「A字膊」的行為，是誰的責任呢？可以套用 X 理論的應對方法去解決這些問題嗎？

另外，如果員工偏向 Y 理論，管理者做什麼才能幫助員工提高效能呢？對於主動積極的員工，管理者可以給員工更多歷練的機會，甚至邀請他參與決策，提出建設性的意見，讓他承擔更大的責任。倘若為公司培訓人才，領導者必須有海納百川的胸襟。你認同嗎？

✳ 小結 ✳

透過激勵的定義、激勵的三大要素和激勵理論，相信你對激勵有一定的了解，激勵可以調動人的積極性，促進目標達成，這帶來非常好的正面作用。然而，如果一個人沒有得到激勵，他會有怎樣的心態和局面呢？

4

如果沒有激勵會怎麼樣？

你有沒有想過，如果沒有激勵，會有什麼事情發生呢？如果沒有激勵，後果會很嚴重，以下的探討僅供你參考：

錯失機會

如果沒有被人激勵，你又沒有自信，做事就會畏首畏尾。譬如：在工作上，你很擅長某種技能，可是你見到領導就緊張、沉默，或者低頭，或者缺乏眼神的交流，而上級領導如果不了解你的能力，你可能會喪失被提拔的機會。當年，我媽媽說她在糖水店工作的老闆移民，想把店轉讓給她經營，然而肥爸爸怕虧本，不答應，沒有肥爸爸的支持，媽媽沒有足夠的信心，她一個人不敢接手經營糖水店，錯失創業的機會。

產生負面情緒，自我形象低落

你記得「希望在明天」的香港生命教育這個經典廣告嗎？這個廣告有 20 年了，廣告講一班小男孩去球場踢足球，遇上大雨，戴眼鏡的小男孩說：「打波先嚟落雨，唔通連個天都唔鍾意我？」（打球才下雨，難道連老天爺都不喜歡我呀？）經他的同伴安慰後，他就說：「其實落雨又有乜好怕喎！」（其實下雨沒有什麼好怕的！）這個廣告帶出：「生命滿希望‧前路由我創」的主題訊息。如果沒有同伴的激勵，戴眼鏡的小男孩會

沮喪、失落、自我嫌棄，如果讓負面情緒繼續發酵，會有進一步的負面影響。

容易放棄，難成大事

　　如果沒有激勵，遇上少少挫折，人會退縮，難成大事。中學時，我參加壁球比賽，要打三局才可以晉升，我勝出第一局，對手避不開我的球，幸好我們有戴護目鏡，她被打中臉部，見到她掩臉，我害怕她受傷，那一刻我不想贏。雖然我知道贏了這場比賽，才可以獲得兩塊球拍和一個壁球作為獎勵，對初學者的我有一定的吸引力，輸了就只有一塊球拍和一個壁球。但是，當時我連掙扎或者爭取贏的心態也沒有，我希望對手平安，輸了也不要緊，於是在第二局和第三局我放軟手腳，結果當然是我輸了，因為我不想贏。後來回想，我明白自己做錯了，我應該有點體育精神，繼續好好比賽，尊重對手，尊重自己，可惜那時候的我太笨了，想不通這個簡單的道理。如果當年有人能夠立刻鼓勵我，開導我，也許結果會不一樣，可惜只成追憶。

沒有主見，隨波逐流

　　如果一個政治人物沒有主見，人云亦云，他會被人們輕視。奧巴馬參選美國總統的口號，你還有印象嗎？我很記得，是：「CHANGE」，那時候我跟朋友們在餐廳吃飯，電視正在播放美國的競選新聞，朋友們分為兩派，一派認為希拉里有機會贏得大選，另一派認為奧巴馬會贏得大選，我當時看好奧巴馬。因為當時很多美國人求變，奧巴馬的口號直擊人心，這是其中一個策略令他最後成功當選總統。如果奧巴馬當年不懂得激勵美國人，美國人會支持他嗎？他能夠成功當選美國總統嗎？如果奧巴馬不懂得激勵，那美國的歷史一定會改寫。

<u>容易衝動，容易失控</u>

　　人如果極度缺乏自信心，極度自卑，以及得不到別人的認可與激勵，他會比一般人容易產生負面情緒。例如：他可能認為身邊的人瞧不起他，內心會怯懦或者處於不安當中，以致神經緊張，遇事容易失控、衝動、發怒和急躁等等。如果你身邊有這樣的人，就要多加留意，多給他鼓勵。我最近才頓悟，我曾經認識這樣的朋友，那時我不懂得激勵朋友。經歷多了，腦袋靈敏了，人才會成長，生活才有盼望。

　　現在，你明白了激勵的重要性，也知道如果沒有激勵會怎麼樣，下一篇文章與你分享激勵對個人的重要性。

激勵對個人有什麼重要作用?

愛與快樂的激勵,目標達成

你試過爬山爬到山頂後大叫嗎?如果你大叫:「你好」,你就會聽到回音是「你好」,下次你可以說:「你很漂亮」或者「你好帥」,回音一定令你快樂。我曾聽說有個小男孩獨自在山谷大叫:「我恨你」,然後山谷大聲回應他:「我恨你」,小男孩很難過,哭著跑回家告訴媽媽,他的媽媽聽後笑笑說:「你試試大聲說 —— 我愛你」。受到媽媽的激勵,小男孩立即跑到山谷大叫:「我愛你」,山谷也大聲回應他:「我愛你」,小男孩聽到後高興地跑回家跟他的媽媽分享喜悅。

如果把自己調校到快樂的頻道,你就會吸引快樂的事情,以及擁有愉悅的心情。有一次,我代表老闆出席飲食業界邀請的周年聚餐活動,我知道這類活動有抽獎環節,我告訴自己要抽大獎,並默默地在心中為自己打氣。其實有點奇怪,我平時放工會很累,但是那天晚上我很有活力,跟老闆商會的朋友們相處很輕鬆及愉快。在晚上的抽獎環節,我居然憑著圍柏抽到「心想事成」的小紙條,然後真的抽到一份金飾品大獎,這是我多年來在抽獎活動上從來沒有獲得的大獎,真的非常感謝主辦機構的饋贈和感謝老闆給我抽到大獎的機會。最後,我把金飾品交回公司,因為吃了一頓美味的晚餐和享受了愉快的晚上已經是很好的獲益。所以,當你自我激勵或者被激勵時,記得把自己的心態調校到快樂的頻道,這樣你就會比較容易達成你所設定的目標。你可以試一試,不管結果如何,擁有快樂的是你,第一個獲益的也是你。

女兒激勵父親，弱者變強

人有時候會很笨，尤其是對於自己不懂得及不擅長的領域，然而這是可以透過學習令自己靈慧一點。我的肥爸爸一直被媽媽照顧得太好了，他的生活是衣來伸手、飯來張口。媽媽患了重病在醫院期間，80多歲的肥爸爸居然不會使用電熱水壺燒水，經過我的講解和鼓勵，他就學會燒水，自己在家也有熱水飲用了。然後他主動承擔每天向祖先上香及包好垃圾丟到門外的大垃圾桶，偶然也會幫助我洗一次碗，對他來說，是有很大的進步了，也分擔了我的家務工作。過程中，我讚賞他的付出，他完成了任務會高興，然後他便有很多自主空間做喜歡的事情。所以，人受到激勵，基本上會有回應，會有改進和成長的。弱者更需要他人的鼓勵與打氣，其實我們都是生活中的弱者，有時候最強的人也有最脆弱的時刻，最弱的人也可以透過逆襲變成強者。你同意這說法嗎？

父親激勵兒子，使其發憤，忍辱成就影響後世深遠

歷史上，激勵可以促使自己設立目標，從而努力去實踐目標，達到自我實現，體現個人理念與價值，對自己的人生和後世帶來非凡的意義。你知道西漢的史學家、文學家司馬遷是如何寫成《史記》這部名著嗎？據說，西漢的名將李陵自請5000兵馬出擊匈奴，戰敗被俘。於是，漢武帝詢問司馬遷如何評價李陵，司馬遷認可李陵的為人與做法，此舉觸怒了漢武帝，他被關進天牢，後來更被處以宮刑。受到大辱的司馬遷曾想了結自己的生命，後來被父親激勵，他發憤圖強，忍痛及忍辱，嘔心瀝血用14年時間完成了史學著作，這著作集史學與文學的紀傳體史書，《史記》對後世影響深遠。

關於如何進行激勵，請你繼續閱讀下一篇文章，謝謝！

如何在你關心的三個層面進行激勵？

第一，關於學習

＊ 典型父母是這樣激勵孩子 ＊

你聽過這樣的對話嗎？孩子問：「是否考到90分就可以選一份禮物？」或者「是否考到100分就可以一起去吃大餐？」父母答：「是的，你要加油！努力！」孩子要的是一份禮物或者一家人去吃

大餐，這樣的要求不過分，一般父母是可以滿足孩子的。在滿足孩子的同時起到鼓勵作用，孩子因為追求獎勵而去努力，這種激勵是典型的，也是很多父母會使用，方法有效。

＊ 穿插交替自我激勵 ＊

其實自我激勵也是有效的，記得以前準備會考、高考、大學論文，壓力大，溫書溫到沉悶，思考到頭脹，我就會立刻抽離學校的書本，一頭鑽進小說堆裡，看西方的翻譯愛情小說，看台灣新派的言情小說，看梁鳳儀寫的，看衛斯理寫的，

也看金庸寫的，看巴金的，看瓊瑤的，看錢鍾書的……。只要控制看課外書的時間，這樣穿插交替溫書，心情愉悅，腦袋放鬆，不那麼頭脹，溫書效率也會提高。

✳ 外在環境的刺激 ✳

另外，以前考試前夕也是經常跑圖書館的自修室溫書，一是因為溫書氣氛良好，備考人士不是看書，就是做筆記，看到別人非常努力溫書，刺激自己不得不努力；二是因為借書和還書便利。

當然，每個人也有自己的一套學習方法，找到誘惑你，或者刺激你提高學習效率的方法均可嘗試。面對學校或者職場的各種考試，你有激勵自己嗎？你是如何激勵自己的？歡迎你與我分享及互相交流。

第二，關於工作

✳ 企業如何激勵員工拼命做事？

在工作上，如何激勵自己完成上級下達的目標呢？從事保險、微商、運營社群、推銷課程、網上直播帶貨、各種銷售行業等等，相信每個企業都有一套激勵員工的系統，譬如：達到指定的銷售金額，就獎賞免費去旅行，或者送獎金，或者送車，或者送股份，或者當眾表揚等等方式去嘉許員工，讓員工感覺到被欣賞，從而鼓勵更多員工努力達標。我認為這些付出與收獲成正比的激勵方法是有一定的參考價值，有助激發員工的內在潛能，並能夠實現工作崗位的價值。你說，誰不想自己的努力和付出被看見、被認可，並且獲得回報？！

✳ 激勵員工需要儀式感 ✳

以前，我曾經在中高級大型商店工作，每天早上，店長會召集所有部門的員工集合，店長匯報昨天的銷售額，指出要注意的事情，以及設定當天要達標的銷售額（就是總結昨天，設定今天的銷售目標）。然後，所有員工一起大聲喊口號，集體打氣後，各部門努力開展新一天的工作。有點像：On your mark, get set, go!（賽跑出發前的口令：各位就位，預備，跑！）因此，從事銷售行業有儀式感更容易鼓舞人心，例如：直銷行業在講座分享前會播放勁歌，也鼓勵熱舞，這些勁爆音樂的刺激、群體的力量（集體短暫腎上腺素急升、心跳加速、興奮）與壓力使人積極，抱正面樂觀心態去面對工作上的挑戰及困難。如果你出席過大公司的產品推銷會、口才演講會議、宗教推薦信主儀式等等，你會有一番體會。

✳ 員工需要金錢以外的鼓勵 ✳

非常幸運，我曾經服務於居住公屋區的居民，了解到那個地區有很多長者，大部分居民的生活水平一般，尤其是長者，年輕時拼命工作只能維持家庭生計，他們的學歷普遍不高，有時候收到政府的公函，或者要申請某些福利，他們不會填寫表格，也看不明白信件的內容，日常生活遇到種種問題就會找我們幫助處理。

有一次，我幫助一位年約 50 歲的叔叔填寫英文表格，那份表格要填四頁紙，我是第一次見到，仔細閱讀及填表合共用了約 20 分鐘。中午我外出工作，回到公司，同事表示我幫助填表的叔叔贈送了一盒

撻給我們吃。我一看，是 pie & tart 的產品，那時一個撻差不多需要港幣 10 元，叔叔買了四個送給我們吃。港幣 10 元對一般人來說不算什麼，但是對於生活水平一般，甚至有部分人士領取政府綜合社會保障援助計劃（簡稱「綜援」）的居民來說，四個撻合共港幣 40 元，已經是很破費了。

叔叔很客氣，也有一顆感恩的心，我們從事地區工作是不需要居民回報金錢或者禮物，工作是有支薪的。叔叔的心意令我們很感動，也令我們從工作中獲得滿足感與溫暖，這份低調輕柔的暖意，鼓勵我們更加用心，為居民提供更優質的服務。所以，外來人士對員工的認可與鼓勵也是很重要的，這樣幫助調動員工的工作主動性與積極性，從而提高服務的質素，最終獲益的是老闆（或企業）和客戶。

第三，關於家庭

✻ 家人也需要激勵嗎？ ✻

你說家人需要激勵嗎？非常需要，因為家人是你強大的後盾，家人對你的大力支持，使你在風雨中感受到溫暖和家人源源不斷的愛，而愛是最大的力量，驅動你無後顧之憂奮力前進。

我聽過一個真實有趣的激勵故事：有位婆婆每月來量體重，她會偷偷藏一塊小石頭在衣袋內，這樣量出來會重一點。我聽了就笑問她：「你這麼頑皮，有獎嗎？」婆婆笑呵呵地說：「有啊，有啊，有獎金，兒子表示比上一次重一磅（是 16 盎士，或 0.45 公斤左右）就獎賞港幣 100 元，重兩磅（是 32 盎士，或 0.9 公斤左右）就獎賞港幣 200 元。」然後，她把右手食指放在嘴唇中間做了「噓」的動作，我們擠眉弄眼後一起哈哈大笑。

✳ 幸福的家庭需要智慧 ✳

　　婆婆身形單薄，兒子為了鼓勵她多吃，用金錢激勵母親努力增加重量，希望母親擁有健康的身體。婆婆是「老薑」，把兒子的小把戲回應得天衣無縫，母子互相逗樂也是一種生活情趣。兒子對婆婆的激勵有效嗎？數據上可以騙過去，實際上這種激勵把愛融合了，有時候彼此心照不宣，互相關心，家人之間的快樂與溫馨就產生了，讓平凡的生活洋溢著幸福。

✳ 男人的能力由女人一句話極速提升 ✳

　　另外，還有一個成功鼓勵丈夫的例子與你分享，這個例子是媽媽的一句話令肥爸爸充滿幹勁。肥爸爸與媽媽結婚後，媽媽對肥爸爸說：「沒有屋子不要緊，你努力賺錢，建好屋子，我就跟你生孩子。」肥爸爸聽到後二話不說，「撸起袖子」賣力幹活，他很快便安排建屋，還沒有建好屋，媽媽就跟肥爸爸生了姐姐。

　　肥爸爸的動力是什麼呢？傳宗接代是肥爸爸的動力，這頭等大事驅動他努力賺錢。媽媽的動力又是什麼呢？媽媽鼓勵肥爸爸創造一個屬於自己和家人的安穩居所，鼓勵肥爸爸成就更好的自己。因此，平凡的肥爸爸背後有不平凡的媽媽的支持與打氣，肥爸爸如一匹脫韁的野馬，被媽媽鞭策，然後就奮力向前衝。願你找到鞭策你的伴侶、家人或者朋友。此前，你記得把自己訓練成一匹有目標的野馬，奮力向前衝，與你一起加油！

7

激勵存在什麼問題？

不注重激勵員工

這是關於企業對激勵的認知不恰當，或者激勵方法不正確的問題。有些公司只是口頭進行激勵，淨說鼓勵雞湯，讓員工有所期待。結果，最終只是開了空頭支票，不能兌現，令員工對公司失去信心。小時候，我阿姨經常表示要帶我們去旅遊，頭幾次我們百分之百相信，後來知道阿姨只是說說。阿姨從來沒有兌現，我們已經不再相信她說的話了。

不了解員工的需要

有些公司願意激勵員工，對員工也大方，可是方法錯誤，既得不到員工的認可，也不能達到激勵的效果。一個令我印象深刻的例子是：美國一間大型卡車公司的員工，獲得總裁獎，獎品是一隻勞力士手錶。一般人收到昂貴的獎品，一定會很高興，可是這位優秀的員工覺得被侮辱，不久就辭職了。原來公司給他的這份獎賞，他要繳付 2,000 美元的稅項，收到獎品還要破財，他完全沒有被獎勵或者被獎賞的喜悅。公司花大錢買了勞力士手錶，卻變成了激勵的反面教材。因此，進行激勵要考慮員工的需求，考慮激勵方法是否恰當，以及考慮激勵是否變得有價值。

勞方與資方的理念有偏差

當員工對加薪、升職的想法與公司理念有偏差時，公司很難實施激勵。例如：有些員工認為

自己很優秀，沒有犯錯，與同事相處融洽，年資長，加薪少，等了多年也等不到升職，故有跳槽的心態，對工作只做到合格的水準。另外，有些員工認為工資加幅比不上市場的加薪幅度，員工認為自己的學歷和工作經驗可以獲得更大的回報。

在公司的角度，公司認為員工創造價值大，才能給予相應的回報。而有些公司因為資金不充裕，客觀上加薪幅度不能有很大的上調空間。因此，公司要想辦法糾正和破除勞方與資方不合理的認知，才能實施激勵，令員工認識自我提升職業技能，以及專注為公司創造價值的重要性。

士氣低落才進行激勵

有些企業認為激勵是有需要才做，平時不用花費時間與精力關注。譬如：有大公司因為員工流失率高，才立刻聘請活動統籌回公司進行內部培訓，透過遊戲增加員工互動與凝聚人心。可惜太遲了，員工仍然頻頻跳槽。企業應該找出和坦承員工跳槽的關鍵因素，然後針對性處理問題。

激勵制度不完善

這是指激勵的獎賞與懲罰規則，企業要有清晰的指引，令員工明白什麼事情值得提倡和被鼓勵去做，什麼事情是潛規則，做了會違規，甚至需要接受懲罰。而且，企業可以列明不同業績有不同的獎賞，這樣員工有明確的指引，容易產生積極的行動，向自己想要達成的目標去努力。

志當存高遠──I believe I can fly：論激勵與自我激勵的奇妙作用

8 企業如何設計有效的激勵？

看到這裡，相信你明白激勵就是調動人的積極性、主動性與創造性，令個人或者企業得到獲益。在設計激勵制度時，要令激勵發揮效果，不要弄巧反拙。以下提出五個參考建議：

讓大部分員工能夠參與

激勵不但要讓少部分精英或者優秀分子取得佳績，還要讓大部分員工也受到鼓勵，從而全公司上下一心，產生動力一起努力去達到公司的目標。因此，激勵可以考慮設置有名額的獎項，以績效（如：做到公司列明的業績）為評核標準。另外，也可以考慮設置有限名額的進步獎。這好比中小學的學生，進步獎是今天的自己比昨天的自己有很大的改善，業績不一定排到名次，但是進步獎卻是公司對員工大幅度進步的認可和嘉許，進步獎也讓公司發掘有潛質的員工，加以培訓，使他日後成為公司的可用之材。

要挖掘和理解員工的需求

根據亞伯拉罕・馬斯洛（Abraham Harold Maslow）的需求層級，人有生理、安全、社交、尊重和自我實現的需求。每個員工的年齡、背景、學歷、經歷等等不同，需求也不盡相同。管理層或者領導要花時間與員工溝通及了解，認識員工的需求類型，才可以針對性激發員工的需求，使他產生積極的行為，追求競爭，追求挑戰，這幫助提升業績，從而達到組織的目標。

譬如，投其所好。眾達國際法律事務所的黃日燦律師主張：「員工好，就是你也好！」他公司旗下的優秀律師想出國讀書，他以哈佛法學博士的校友身份親自寫推薦信，寫出員工最棒的優點。另外，如律師想轉職，他會給最佳的薪酬建議。公司對員工用心，員工會知道；當公司遇上危機時，員工會支持你，例如：員工同意在一段時間內減薪，與公司共渡時艱。當然，公司業績有盈利時，要為員工加薪，公司懂得將心比心，員工才會願意跟你共同進退。

了解不同年齡員工的關注點

　　不同年齡階段有不同的人生角色，經驗與閱歷也不同，因此對工作的關注重點也不會相同。現在跟你分享這個網絡資料：20多歲的職場新人，關注的是能否找到一份有發展空間的工作；30歲的人會抓緊機會，令自己上位；36-37歲的人希望自己有選擇的能力，相信自己還有很多可能性，還可以努力奮鬥；40歲或者以上的人希望實現人生的理想和價值。雖然，這些觀點不是絕對，譬如在經濟低迷的日子，一般職場人士可能只想
擁有一份工作，保住飯碗，有穩定的收入可以維持家庭支出。然而，這些觀點卻有普世的參考價值，如果企業能夠了解不同年齡階層員工的關注點，就可加以引導，使員工思考未來，聚焦自我提升，努力實現理想的生活，甚至達成夢想。

以榮譽激勵員工，不一定花大錢

員工希望被尊重、被欣賞，也許只是一個響亮的頭銜，一個公眾場合的表揚，公司最高領導親筆寫生日卡和感謝語等等，都可以令員工感到被重視、被關心，被公司認可自己的能力，這容易產生快樂的情緒，從而對公司產生歸屬感，更加努力和積極工作。要注意的是，這種激勵形式如能有個人化、個性化，會產生較佳的激勵效果。

例如：愛普生科技（Epson）對員工的激勵方案是榮譽積點制度，就是員工累積到一定的點數，公司免費送員工出國享受貴賓級的跨國企業參觀和學習。優秀的員工能夠出國見識和學習，是很大的嘉許和獎勵，一定令員工難忘，也刺激員工爭取下次達到更佳的組織目標。一般的企業或者機構可以考慮把優秀的員工安排到友好企業學習或者交流一段日子，這好比大學的交換生計劃，這樣會對員工或者公司有正面、積極的影響。

建立互助的企業文化

大部分工作需要與人合作，各部門同事也需要互相溝通與聯絡。如果公司的員工能夠彼此互相尊重、互相信任與互相幫助，大家在工作之餘，可以找到美好的公司文化和生活方式，良好的工作氛圍有助共同把工作做好，成就組織目標。因此，打造良好的企業文化和維繫公司社群的良好關係很重要，除了創造業績之外，還可以為公司留住人才。

小結

綜上所述，設計有效的激勵要考慮：讓大部分員工參與激勵，這有助提升員工對企業的歸屬感；管理層要學習發掘員工的需求；

了解不同年齡層員工的關注點，甚至投其所好，刺激其努力奮鬥，從而達成組織目標；還要重視員工的榮譽，令員工感受到被重視，最好令員工印象深刻。只有打動人心，員工才會更加努力為企業打拼；以及，建立互助的公司文化，有助留住人才。公司的未來除了靠業績，還需要靠人才……

以上的建議只是拋磚引玉，每一間公司的文化不同，設計激勵方案也不能照搬。領導層、管理層與基層員工可以通過「腦力震蕩」，去設計和制定適合自己公司的激勵方案。

總結

我寫〈志當存高遠 —— I believe I can fly：論激勵與自我激勵的奇妙作用〉這篇文章，與其說激勵別人，倒不如是借著激勵這個主題驅動自己去思考，我覺得激勵對個體和企業很重要。如果大部分公司的員工懂得自我激勵或者被人激勵，那創造出來的社會價值是不可估量的。因此，在思考這個主題時，就要知道什麼是激勵，激勵有什麼要素和有什麼激勵理論。如果沒有激勵會怎麼樣，激勵對個人有什麼重要性，以及如何在與生活息息相關的三個層面進行激勵。最後，思考激勵存在的問題，從而設計有效的激勵，才能更好地調動人的積極性與創造性。

以前，我一直想不透激勵的核心，透過寫這篇文章，我看了很多參考資料和思考，才明白：激勵的原動力在於激發人的內在需求，當這個需求被喚醒，人才可以為之而奮鬥，行為變得積極。因此，不管你的內在需求多麼微不足道，也不應該忽略它，每一次也要重視它，每一次也要為它作出改變，你才會變得越來越好的。你希望自己變得越來越好嗎？

CHAPTER 4

掌握戰略思維
小人物也要

引言

看到這個標題，你是否覺得這應該是領導（或者老闆），
或管理層去關心的事情呢？我只是一個普通的平凡人，
需要知道看上去高深的學問。
如果我說你這個想法有誤解，你會停一停、想一想嗎？
其實，即使我們是一個小人物，了解戰略思維也有很大作用。
一生中，我們會面對大大小小的麻煩和困難，
有些人遇事會承擔不起責任，有些人咬咬牙挺過去了，
關鍵在於我們是否擁有強大的內心，更在於我們的思維。
思維不同，處理事情的方式和結果會有不同。

思維有很多種，戰略思維是其中一種值得你花時間去學習。
當你學會運用戰略思維去思考問題，
你會為當下困擾你的問題想到缺口，從而制定可行方案去處理和解決。
如果你懂得戰略思維，
在職場上，你會比較容易獲得晉升和找到向上發展的空間。
如果你想提升自己的思維，想高效解決日常生活上的麻煩，
想提高自己的職場競爭力，
本人樂意與你一起探討這個看似嚴肅又有點深度的議題，
你準備好了嗎？下面是本文探討的內容重點：

1. 你知道什麼是戰略思維嗎？
2. 戰略思維有什麼特點？
3. 為什麼說領導要有戰略思維能力？
4. 為什麼說人人也要具備戰略思維？
5. 普通人怎樣修煉戰略思維？

1

你知道什麼是戰略思維嗎？

思維

　　什麼是戰略思維呢？先講思維，也許你會比較容易理解，思維指思考，同義詞為思索。詞源的解釋：思維指思索與思考。進一步來說，思維是指人接收到訊息，大腦進行加工、消化，然後輸出觀點或者想法。現在，你對思維有基本的認識，你知道什麼是戰略嗎？

戰略

　　現代管理學之父彼德・德魯克（Peter F. Drucker）說：「戰略不是研究我們未來要做什麼，而是研究我們今天做什麼才有未來。」關於這句話，我認為後半句話才是重點，我們今天的行為或作為將顯示明天的結果。換句話說，你想有將來的結果，今天就要努力。英文有一句："If you see it, you get it."（如果你看到了，你就懂得了。）你把結果放前去思考，又會有一個思維的四字詞語，它是一個思維模型，你能猜到它是什麼嗎？對，它是「終局思維」，指面對很多選擇時，學習由終點去思考問題，來決定當下的選擇，就是你為自己設定怎樣的終局，或者你設想自己 5-10 年後要成為怎樣的人，當下你就知道走怎樣的路。

戰略與戰術

　　概括來說，戰略指設定方向和目標，透過戰術去實踐出來。戰術指策略、方法，找到實現目

標的路徑。這條路徑要做到差異化，就是你行，別人不一定行，意思是不能照搬別人的方法。較好的例子是中國走特色社會主義道路，非共產主義，非社會主義，是中國特色社會主義才正確和成功。好了，回到探討的話題，把思維與戰略組合起來理解，戰略思維和戰略思維的核心是什麼呢？

戰略思維與戰略思維的核心

戰略思維：指執行者（個人或機構）對重大問題或將來發生的事情有全面性、長遠性、根本性的謀劃或佈局，這種謀劃涉及發現問題、思考、分析、判斷、執行、預見、決策與修正等一系列的動態過程，為問題提供一個適切、有效的解決方案，透過執行計劃展現出來，期望達到預期的結果，實現目標。

那麼，戰略思維的核心是什麼呢？

這其實是反問執行者的初心是什麼，為什麼要運用戰略思維？這件事情一定是很重要的，對我們未來有重大影響，故此戰略思維的核心是：為解決一個重大問題，或者一件重要事情而存在，執行者就是問題的解決者。

例如：十四五規劃 [1]，是中國在未來五年（2021-2025 年）的經濟發展遠景或願景，在全面建成小康社會、實現第一個百年奮鬥目標之後，開啟全面建設社會主義現代化國家新征程，向第二個百年奮鬥目標進發。因此，它的戰略佈局涵蓋社會各層面（包括：經濟發展、創新驅動、民生福祉、綠色生態、安全保障和國家治理等方面）作出深入規劃與落實。以強化國家戰略科技力量來說明，其中在整

合優化科技資源配置方面，十四五規劃推動組建和重組國家實驗室，在聚焦量子資訊、網絡通信、人工智慧、生物醫藥、現代能源系統等重大創新領域作出研究。可見，十四五規劃是一種戰略思維，也是國家對未來五年發展的深遠謀劃，它除了有明確的目標之外，還有詳盡、細緻的指導方針與策略，這些策略都是奔向實現目標的。

根據網絡蒐集的資料，我整合了以下 12 個戰略思維的特點，僅供參考：

一、全面性

二、長遠性

三、根本性

四、取捨

五、思考與反思

六、實踐

七、靈活性

八、開放性

九、善於學習

十、戰略意圖導向

十一、假設性

十二、創造性

以上提及的不是戰略思維的全部特點，只是我思考之後，認同的比較重要的元素，歡迎你有不同的觀點。以下我逐一說明每個戰略思維的特點：

2
戰略思維有什麼特點？

全面性

　　戰略思維的全面性：指由大局、整體利益、宏觀角度去考慮問題，分析、謀劃和解決問題。例如：第一個病人因為頭痛去找 A 醫生處理，A 醫生翻看病人的電腦病歷記錄，直接給病人頭痛藥，不用 10 分鐘就打發病人離開。第二個病人因為頭痛去找 B 醫生處理，B 醫生耐心與病人傾談，了解病人的病歷資料、家庭病歷史，如果有需要就安排病人做醫學化驗確診，找出導致病人頭痛的根源，再針對性安排處理方案。由此可見，同樣是頭痛問題，第一個病人和第二個病人分別獲得治標和治本的結果。因此，一件事情由局部還是由整體的角度去思考和提出解決方案，會出現兩種截然不同的結果。

長遠性

　　戰略思維的長遠性：指問題或事情具有長期性，例如：五年計劃、十年計劃等，它屬於前瞻性去規劃，事情具有動態發展，並存在變化，在變化中可以作出評估及調整。譬如：香港人 A 先生預計五年儲存到買樓的首期（例如：購買港幣 700 萬元的樓宇單位，首次置業人士最多有九成按揭，就是首期要支付港幣 70 萬元，非首次置業的人士最多有八成按揭。），他在這五年內盡可能有穩定的工作，薪酬最好逐年增長，倘若順利，A 先生在五年內可以儲存到首期上車（置業）。然而，如 A 先生儲蓄到第三年就遇上全球經濟不景氣，或受到新冠疫情影響，A 先生工作的公司倒閉，他找不到另一份工作，而且待業在家一年，他沒有其他收入來源，沒有額外投資及儲蓄，也沒有家人的支援，那麼 A 先生的五年上車計劃可能要擱置。

根本性

戰略思維的根本性：指本質，也指核心。戰略思維的核心是解決問題，或者對將來可能發生的事情進行佈局。譬如：天文台發出天氣提示、雷暴警告、風暴消息、定點降雨、季候風等等，是希望相關政府部門、學校、私人機構和個人等對相關天氣提示預早作出安排及部署，減低人命及財物的損失。

取捨

取捨在戰略思維中具有重要的影響，由於資源有限（人力、物力、財力及時間等），要明確知道想做什麼，要捨棄什麼不做。前者按照優先次序排列，然後集中火力去做最想做的事情。後者比前者更重要，要知道什麼不能夠做，否則會有滅頂之災。例子：《孫子兵法·軍爭篇》提及：「歸師勿遏，圍師必闕，窮寇勿迫，此用兵之法也。」[2] 這是孫子用兵的基本原則，他主張「留其退路」，避免對方絕地反撲。

我用以上的歷史事例作進一步說明，令你更加明白取捨。這是長平之戰後半部分的歷史：秦君主帥白起派出誘兵，假裝戰敗而退，趙國年輕的將軍趙括率大軍乘勝追擊，秦軍把趙括引到預先設埋伏的長壁。趙括被阻，作戰不利，準備退軍，可是秦軍擋住趙括的退路，切斷了趙括與大本營的聯繫，也切斷所有趙軍支援的糧道和外援。趙軍缺糧 46 天，到達互相殘殺食人的地步，於是作出突圍，結果趙括陣亡，趙軍投降，降軍 40 萬人被活埋。

以上的趙括中了白起的誘敵之計，他太想建功，太想贏得戰爭，這是為「取」。他不能做的事情是追擊到秦國的軍營長壁，他不熟悉敵軍的地形，這是作戰大忌，這是他不會「捨」，不捨的結果幾乎令全軍覆沒，秦軍只留下 240 名年紀尚小的士兵放回趙國。

這是多麼慘烈的戰爭，因此「捨」比「取」更重要。現實生活中，

工作上的潛規則就是「捨」，如果「不會捨」，受不住誘惑，可能會做出違法的事情，最終可能會坐牢。

思考與反思

戰略思維另一個特點是思考與反思。前者是把資訊處理後輸出觀點，並思考相互之間的聯繫。後者是透過觀察結果查找原因，反思當時的決策過程，這樣有助發現錯誤，也容易衍生新知識或者新觀點。

「我爸是李剛」，你還記得 2010 年的事件嗎？李剛的兒子李啟銘與朋友喝醉，開車去河北大學接朋友，車子駛入校門就撞上了在大學門口玩滑輪的女生，然後他再加油門，向倒地不起的女生輾過去，導致兩名女生一死一傷，他被判入獄六年。

為什麼李啟銘口出狂言，並作出可怕的行為呢？我們來探討一下：

首先，他的父親李剛是誰？李剛是河北省保定市公安局北市區分局副局長。由此可見，李啟銘因為父親的職能權力而囂張跋扈，

反映他的家庭教育出現問題，也許他的家人過分寵愛和保護他，估計他的家人不止一次為他「擦屁股」，這樣非理性的維護與包庇，最終害了他。另一方面，他為什麼狠心把受傷的女生撞死呢？撞死與撞傷要負上的法律責任有什麼不同？是法律上出現漏洞，導致他或者社會上一小部分人寧願把傷者撞死也不願意救治傷者嗎？如果是，這漏洞需要國家相關部門好好研究和修補處理。

實踐

戰略思維注重實踐，任何戰略方案，如果不實踐鍛煉出來，就是紙上談兵。要注意的是，戰略是動態的，並存在變化，需要因應情況作出調整。這好比有人看到美食視頻，覺得製作美食很簡單，一看就會，結果一做就廢。任何事情要經過練習，從實踐出發，才能學以致用。在練習的過程中如果發現問題，就要改進，只有親身投入參與，才知道自己掌握多少，以及是否能夠學以致用。

靈活性

戰略思維具有靈活性，需要因應實際執行情況而作出及時調整，敢於自我否定，不能把過往的成功經驗當成寶典，這也是一種權變思維。譬如：由於新冠疫情，政府機構允許員工在家工作，各大、中、小學推行網上教學，在家工作和上網課也是靈活變通的做法。

開放性

戰略思維的開放性：指對資訊的蒐集與接收。在數據化時代，資訊獲取必然是面向全中國，面向全世界，所以戰略思維重視對資訊的獲取。越快獲得越多精準的數據及訊息，有助提高整個戰略方案的決策和優化等等。例如：國家的航母、芯片、北斗衛星等等，

是國家的戰略與戰術，這些技術除了需要大量研發人員之外，還需要獲取大量精準的國內和國際數據作參考……

善於學習

戰略思維的執行者需要善於學習，包括：提升自學能力，提高對新知識或者新領域的認知……。戰略方案的執行涉及跨行業、跨界別，多學習不同領域的知識，有助拓展對世界的認知，提升格局和胸襟，處理問題會更加成熟和穩重。例如：選舉涉及社會不同界別、不同職業人士的參與，如果參選者和幕後團隊能夠提高心理學、網絡宣傳、個人形象、溝通技巧、演說口才、政策研究、深度學習等的認知，這對整個選舉的質素都有正面的提升。

戰略意圖導向

戰略意圖導向指：戰略思維的願景和價值觀。最高負責人要有信心引導與帶領戰略執行人（個人或團隊）去推動一些變化，促使事情發生，達到預期的目標。例子：為什麼華為（HUAWEI）可以吸引全球精英加入？除了人工高福利好之外，這些精英相信華為這個發展平台可以令他們施展才華，可以實現自我價值。他們為什麼相信華為呢？因為他們認同華為的願景和價值觀，你知道是什麼嗎？是以「客戶為中心，為客戶創造價值」，這是華為的共同價值。另外，華為在管治上實施集體領導，集體領導下遵循共同價值、責任聚焦、民主集中、分權制衡、自我批判的原則。任正非的文章提到，華為的願景是豐富人們的溝通和生活，使命是聚焦客戶關注的挑戰與壓力，從而提供有競爭力的解決方案，為客戶創造最大價值。因此，人生階段發展到最高境界是為價值而生，這也是吸引全球精英加入華為的原因。（資料參考自華為的網頁及任正非的文章。）

假設性

戰略思維的假設性：指在謀劃或佈局的過程中，存在預判、預見的結果，因此要像胡適的治學態度一樣：「大膽假設，小心求證」。即可以作出假設性的觀點，但要尋找資料和證據去支持提出的觀點。譬如：當懷疑親屬關係時，可以做 DNA 鑑定去驗證確定彼此的親屬關係。又如：1982 年震驚香港的「雨夜屠夫」（林過雲，連環殺手）事件，過程是照相館發現懷疑相片報警，警方把相片和底片取走，並交給法醫官和科學鑑證科進行檢定與鑑證，警方收到鑑證報告後認為事件有可疑，於是採取行動拘捕林過雲，再去林過雲的家居進行搜證，始揭發人體肢體兇案。因此，假設性在戰略思維中有重要的作用，有助規避可能產生不可逆轉的結果，或者可以預先準備後備方案，如果遇意外，後備方案有助減低對執行計劃的衝擊。

創造性

關於戰略思維的創造性，可理解為好奇心及對未來發展的思考，也可理解為創意思維。這需要好奇心的驅使和認真思考，實際上是與內在的自我對話。為什麼呢？你對什麼事情比較好奇和關心，你就會投入更多時間去關注及研究，不會覺得厭倦。例如：若你從事產品或者技術研發，當遇到瓶頸位置時，你會思考突破，如何突破，在哪方面可以突破，為什麼要突破等等。

又如，我以小米作為例子詳細說明，小米的標誌是「MI」，代表移動互聯網，也代表「不可能完成的任務」，小米的信念是「只為粉絲」。看到這裡，你有什麼想法呢？移動互聯網大部分人可以理解，在此我不囉嗦。後兩者可以歸納為一個重點，小米如何只為粉絲呢？從小米的產品可見：手機、電視、Pocophone 和智能設備。除了手機及電視不斷迭代推出新產品之外，值得注意的是智能設備的類別也不少，直到 2021 年 8 月 17 日為止，在小米網頁見到 96 項產

品，相信未來仍然會不斷增加這些智能設備產品。除了手機，電腦配套的零件（如：充電座、耳機、路由器等等）之外，還涉及智能家居的電子產品，如：風筒、攝錄像頭、動感夜燈、掃地機械人、電動滑板車⋯⋯

「只為粉絲」的信念似乎真的是不可能完成的任務，衣食住行方方面面需要的產品太多了，可見小米未來的挑戰和機遇也多。另外，小米在 2021 年 3 月公告首期投資 100 億元人民幣製造智能電動車，預計未來 10 年投資額 100 億美元。2021 年 8 月，小米首次「仿生四足機械人」Cyber dog（機械狗）正式亮相，雷軍表示小米的使命是：對未來科技生活的不懈探索。

由此可見，雷軍的投資興趣廣泛，對不同科研領域也有好奇心，關鍵是配備豐厚的資金，讓他對未來的科技發展有大膽的思考和實踐。從小米的產品可以窺探，雷軍預測將來的市場面貌，將引導消費者對未來的需求轉變，這是基於雷軍對自己的認知，對世界的認知，令他對小米有堅定的信念與使命，從而把概念的事物製造或者整合出來，將一切不可能變成可能。這就是創造性的威力，也反映創造性或創意思維在戰略思維產生的重要作用。

3

為什麼說領導要有戰略思維能力？

回應這個問題，首先要知道何謂領導？領導的角色是什麼？為什麼領導要有戰略思維能力？以下我們一起來探究：

何謂領導？

首先，領導的定義是什麼？不要想，直接答，你有兩秒時間作答。我會答：「Leader, leadership.」根據網絡資料，Leadership 才對。領導也可稱為領導力（Leadership），指個人或組織帶領其他人或團隊的能力，這種能力會影響他人或團隊實現目標。以下，我們再看一個有點深度關於領導力的解說：

根據 MBA 智庫百科，領導力：指權力和影響力的統一，科學與藝術的結合。是否有點難以理解？為了令你更加容易明白，以下我把領導力的定義拆解：

權力是指可控制、管轄、支配等的職權或力量。影響力是指雙方（領導與下屬）在互相了解過程中，具有改變人的思想及行為的能力，一般指領導有亮點（閃光點），令下屬對其心悅誠服，工作上願意主動配合。

另外，科學指知識，是一種系統性的知識體系，領導需要有跨學科、跨領域的知識，才可以對工作進行預測及制定目標。藝術是透過作品去反映現實，是創作者對客體（被觀察或思考的對象）的瞬間領悟，透過媒介（作品）去展現出來的審美創造。這些領悟是創作者對人生的理解，對世界事物的認知，透過作品（如：書、畫、雕

塑等）去表達他的思想與人格。因此，科學與藝術是知識的累積和互相啟發，皆展現人的思想與文化，所以說領導是一門科學，也是藝術。

綜上所述，不管是權力、影響力、科學，還是藝術，都對人們的思想與行為帶來影響及具有指導作用，而這四個範疇的結合與統一，反映領導最終的目的是為了實現目標。

<u>領導的角色是什麼？</u>

根據網絡資料顯示，領導角色是社會角色的一種。社會角色：指與人們某種社會、身份一致性的權利、義務的行為規範。人們會對特定身份（例如：政府官員、公眾人物等）人士的行為有所期望。

領導角色指：在組織或群體中，領導處於顯著位置（或身居高位），人們期望領導明白自己的權力與義務（或責任），並作出與角色匹配的行為及規範。因此，領導進入一個新角色（譬如：升職或者調職），在心理或行為上要盡快適應角色轉換，用新角色的規範要求自己，否則會違背人們對角色的期望，而招來非議，甚至容易受到挫折。

為什麼說領導要有戰略思維能力？

如果你理解領導的角色，你就知道領導要推動及影響他人或者團隊實現目標。過程中，領導要明白自己的權力及責任，對自己的角色要有匹配的行為及規範。你知道領導的責任（職責）是什麼嗎？領導的責任（職責）是對目前的問題或將來發生的事情進行預判，佈局，解決問題，實現組織目標。在制定及執行戰略目標的過程中，要有把握全局、認識規律、更新觀念和重視實踐的綜合能力。而這些綜合能力正與戰略思維的特性吻合，故此作為領導，必須要有戰略思維能力，以下略述這些綜合能力：

✳ 把握全局 ✳

領導要懂得把握全局，從戰略的高度去認識問題，即用整體利益的角度去思考問題，不能只看局部利益。例如：員工 A 為公司的專業人士，正為公司執行重要的計劃。然而，員工 A 為人貪小便宜，多次私下接蝕本的業務，作為送給朋友的人情。員工 B 和員工 C 不滿員工 A 的做法，曾向公司高層反映，高層表示老闆知道，目前員工 A 的情況仍然在容忍的範圍之內，當完成計劃及找到另一個專業人士可替代員工 A 的工作時，老闆才會採取行動。因此，員工 A 以權謀私，老闆不是不知道，只是為了大局，暫時不向員工 A 開刀。這就是領導的戰略思維能力，處事要有大局觀，知道公司要做什麼，知道公司的資源和能力，也知道公司不具備的資源和能力，從而去取捨。

✳ 認識規律 ✳

領導對事物要有認識規律的能力，提高思維水平。2021 年 7 月 1 日，在「建黨 100 周年暨香港回歸 24 周年」活動，我從電視直播中

聽到國家領導人習近平主席講得最多的一句話是：「以史為鑒，開創未來」。習主席希望廣大的中國人能夠學習歷史，了解歷史，重視歷史，由歷史中去汲取智慧。為什麼習主席對國民有這樣的期望呢？因為學習歷史知道更替，從更替中找到事情的變化規律。譬如：每個朝代的衰敗與滅亡有其規律──內憂外患，天災人禍，帝王個人因素（性格軟弱，昏庸，沉迷玩樂或美色，大興土木，親近小人等），徵收重稅，政策不當，人民反對……

透過學習歷史，我們知道過往朝代招致滅亡的因素，這在現代社會可作借鑒，在管理國家時儘量規避出現重複歷史的錯誤，也透過歷史看清外國勢力對弱勢國家的欺負，從而認清自己的角色和責任。一般人的基本責任是要有民族認同、民族自豪，以及不能做出賣國家和民族的事情。對此，你有什麼看法呢？

因此，領導要找出事物的變化規律，從中借鑒，提高思維水平，才能更好地規劃未來，以及應對在戰略執行中出現的問題。

＊ 更新觀念 ＊

萬事萬物存在變化，尤其在大數據的環境下，不確定因素越來越多。人們會因應獲取的資訊，對世界的認知增加，從而對外界需求或個人行為產生變化。例如：在交易方面，人們由購買變

成租賃（例如：房屋、汽車、衣服、名牌手袋）；從實體店購物到網店訂購，並且使用每月自動訂購及送貨服務；相信未來代養、代種會變成一種趨勢，前者為養豬、雞、鴨、鵝等，後者為種花、種菜、種茶葉等。大環境改變，領導的思維方式必須因應時勢而變革。處理問題不要故步自封，要恰當地更新觀念。

✽ 重視實踐及創新 ✽

　　這指領導要有實幹行動，並以實事求是的態度開拓創新。如果你看過《維京傳奇》這部歷史劇，在第三季第十集，你會見到劇中主角之一的拉格納以「亡者」的身份，因病重要求以基督教葬禮的形式葬在巴黎大教堂，這舉動令巴黎人放鬆警惕。當拉格納的屍首運到大教堂，詐死的拉格納突然破棺而出，站起來挾持格斯拉公主打開城門，令兒子比約恩與城內的維京人裡應外合，成功攻破巴黎。由此可見，領導除了要實幹之外，還要有創新的頭腦，敢於跳出思維習慣，敢於使用新策略，困難才有機會打破裂口，從而取得突破性的效果，最終實現目標。

為什麼說人人也要具備戰略思維？

你可能會說：「我只是一個小人物，此生只追求平淡、平庸，平凡過一生，不需要爭名奪利，也不需要做管理者或者上位者。」如果你甘願平庸，這話只說對了一半，你可以在名利、權力、職場等追求淡泊，然而人生卻處處需要有戰略思維，即使你只是一個普通人，以下我用幾個生活小故事與你探討一二：

離婚才發現懷孕

微信視頻號有一名女子發佈了視頻，表示剛剛辦完離婚手續才發現懷孕，該怎麼辦呢？把孩子保留生下來，還是不要呢？情感消逝，生下孩子也不能挽回一段情，孩子的存在時刻令人不能忘記曾經相愛卻又分離的人。然而，孩子卻是無辜，生命可貴，打掉孩子可能會更加傷心和傷身。這是一個兩難的局面，也是人生重要的抉擇，涉及假設、思考、取捨等等的心理交戰。就算你不願意承認，分析事情的過程也涉及戰略思維元素。

向前衝還是後退的生死抉擇

這是朋友的個案，朋友與她的丈夫駕駛途經隧道，前方突然發生車禍，出現爆炸和火球場面。千鈞一髮時刻，駕駛中的朋友立即問丈夫向前衝還是往後退。前面有爆炸，後面有車龍，不管前進還是後退也是十分危險，生命隨時受到威脅。這個抉擇影響生死，而且沒有多少時間去考慮。

朋友的丈夫看著火爆驚險的場面，立即說：「衝過去！」朋友加速前進，幸運地與死神擦身而過。不要以為自己不駕駛就可以避免意外，人總是有意外與明天相隨，只是不知道哪一個會先出現。如果意外先跑出，自己會主動地或者被動地運用戰略思維去處理事情。

家人掌控你的生死大權

還有這個場景，人人也有機會遇到，就是醫院發出病危通知，家人有權決定或者簽署是否搶救病者。不管你是貧窮還是富有，在你意識不清醒時，你的生死大權不在你手，會被動地交由家人掌控。因此，平時要善待家人，關心家人，自己在生死存亡的一刻才有機會獲得善待。

記得，當年外公病危，醫生詢問家屬是否搶救外公。阿姨、舅舅和媽媽不敢回答，一切遵從外婆的決定。如果不作搶救，意味著要為外公準備後事，這個責任太沉重。外婆健在，也是外公的親密伴侶，由外婆做決定比較適合。外婆敢於承擔，她清楚知道外公的身體支撐到了極限，並表示外公活著的大半輩子，吃好的，穿好的，用好的，福氣也享用了，於是決定讓外公舒服地離開，不作搶救。

以上提到的三個例子都涉及生死的抉擇，屬於人生大事，必須快速思考與及時作出決策。如果你沒有獨立的思考與分析能力，遇事怎麼辦呢？因此，平時就要培養自己建立戰略思維的能力。

中國向多個領域亮劍

最後，分享一個社會事件，你會更容易去理解人具備戰略思維的重要性。2021年下半年，中國向多個領域「亮劍」[3]：教育部門實行「雙減」[4]，房地產市場進行「冷卻」[5]，娛樂圈市場遭到「封殺」[6]。作為一個普通人，你如何看待國家這些雷霆行動？這是突然間打擊不公平的領域嗎？不是，這必然是經過深思熟慮，早已籌謀、策劃的部署，只是選擇在既定的時間內執行，為了大部分人的利益，而動了既得利益者的蛋糕，令相關利益者（或利益集團）恐懼，令大環境得到淨化。

因此，人有戰略思維很重要，面臨生死抉擇時，可以迅速做決定。面對社會事件或日常生活的種種決策，你懂得對事物進行深入的思考與分析，增加對事件的認知，從而學習預測、佈局，培養自己的統籌、組織和執行能力等等。這有助提升個人競爭力，在職場和生活方方面面也存在比較優勢，還等什麼？快學起來！

普通人怎樣修煉戰略思維？

對普通人來說，修煉戰略思維困難嗎？經蒐集資料及思考，我的結論是：「說容易不容易，說困難其實有方法，視乎我們是否願意去做，以及做到哪種程度。」以下，我由「打地基」和「開拓視野及提升格局」兩大方面去探討：

修煉戰略思維＝打地基

戰略思維好比萬丈高樓，修煉恍如打地基，地基打得堅實，就可以一步步穩健向上層建築。那這個地基是什麼呢？是底層系統，是方法論，是哲學思想，也是對事物由基本到深入的認知，以下我由三個角度去闡釋：

✻ 學習經典 ✻

什麼是經典？經典是指有典範性、權威性，被歷史流傳下來，能夠經得起時間驗證，具有價值的書籍和思想。這些書籍和思想被大眾接受，在生活各方面具有指導作用，對後世影響深遠。

譬如：傳統文化、哲學思想、儒家思想（仁、義、禮、孝等），《論語》、《孟子》、《大學》、《中庸》、《詩經》、《禮記》、《易經》、《道德經》、《心經》、《孝經》、《孫子兵法》、馬克思主義、西方哲學⋯⋯。學習經典的目的是累積及豐富底層知識，從中找到這些經典背後的方法論，找出它的哲學思想，從而嘗試運用這些方法論去分析事情，發掘問題，找出事情的變化

規律，幫助進行更精準的預測及佈局，更好地解決生活中面對的問題。

✻ 刻意練習 ✻

這裡的刻意練習是指學習，又分為「學」與「習」。一般人（包括我自己）也是願意學新事物，可是學完卻欠缺練習，結果所學到的知識不牢固，很快會忘記，需要使用時急忙補救重新查看及回顧。你也欠缺練習嗎？如果是就大膽承認，然後我們一起去探討如何透過刻意練習構建底層系統，以下介紹兩個方法，你可作參考：

以教為學

據說：「學習是三分學，七分習。」「習」比「學」重要，應多放時間在「習」，但是我們容易顛倒過來，以為學了就會，其實是太高估自己對知識的吸收能力，不作練習實為懶惰與不重視。那如何「習」呢？有人提出「以教為學」，我覺得不錯。人們常常表示要讓青年人多學習歷史，學習歷史才知道國家的發展動態，才了解和認識國家的不容易。那如何才能令青年人有效學習歷史呢？似乎有質素的回應方案不多，然卻被我發現令人驚喜的一幕——

在 2021 年 7 月初，我去香港會議展覽中心參觀了「百年偉業」展覽（慶祝中國共產黨成立 100 周年大型主題展覽），其中導賞服務的安排令我耳目一新。導賞員由香港青少年軍擔任，他們有些看上去如小學生，統一穿上草綠色的制服，手持演講卡，站在所屬負責範圍的歷史圖片旁邊，向公眾認真地、熱情地、有禮貌地介紹歷史圖片的內容。

由此觀之，香港青少年軍事前必須先學習要講解的中國歷史，才能向公眾一遍遍講解，從中獲得公眾的認同和鼓勵。這是非常好

的互動學習，香港青少年軍擔任導賞員，落實以教為學有效地學習歷史。因此，可以嘗試令自己抱著老師的心態去學習，再把自己掌握的知識跟別人分享，這樣才可以深化所學，利己利人。

寫作表達

其次，可以考慮通過寫作達到刻意練習的效果。寫作是給自己機會坐下來靜心整理思緒，把自己的想法有組織地、順暢地表達出來。整個寫作過程有助提升蒐集資料及分析問題的能力，也有助訓練深度思考，把所學的新知識內化（即消化）。

以我為例，我寫了約 20 年的文字，不過甚少發表，只是寫得隨心、隨意與隨緣。在 2020 年 9 月，我報讀了「粥佐羅老師的 21 天寫作訓練營」，發現國內的寫作高手如雲，隨便一個學員也是優秀的中學老師、公司的管理層、工程經理、法律行政人員等等，大家也是行業的優秀份子，寫作能力佳，仍然很努力，讓我認真地對待每一次寫作功課。經過一段時間的密集訓練，我以為自己寫文字的速度不會太慢。可是，當我籌備寫這本書時，我很快就打臉了，我寫得很慢，我想不明白時就寫寫停停，思考清楚再下筆。寫文章和出書是兩碼子的事，前者寫兩三千字不太困難，後者卻是大工程，歸根究底還是我寫得少，量不足夠多。所以，將來我仍然需要花更多時間去練習寫作，只有持續不斷地練習，有了一定的寫作數量，寫作的速度和質量才會再提升。

✴ 勇於承擔・情境學習 ✴

最後，讓自己去承擔責任，例如：可以透過參加比賽，由於競爭，你會努力去學習和準備，可以讓自己在短時間內認識及深化所學習的知識。又如：可以嘗試擔任某個不熟悉的活動崗位，由於不懂得崗位的操作，人會虛心去學習，在實踐過程中會有迅速的反饋與收穫。

記得，我第一份工作的其中一個職責是要支援和幫助友好團體舉辦的活動。在會議上，友好團體的領導問我可否義務（我拿自己的假期）擔任其中一車的車長，我表示沒有做過車長，領導說不要緊，只要我想做就會了。我答應做車長，在實踐過程中明白車長不是要懂得駕駛，而是在兩天的活動中，協助管理一車 30 多名的青年人。我邀請了五位朋友義務幫助擔任小組長，學習分工，學習與帶隊的學校老師溝通及協調，學習與中港兩地青年人交流，以及透過玩集體遊戲學習團隊合作。在晚間的工作人員會議中，我學習反映問題和提出建議，跟不同車長和團長交流，發現我想不到的問題及我想不到的良好建議，建立友誼……透過親身體驗去承擔及學習，這屬於生活中的情境學習，這些體驗與學習有助建立底層知識和拓展視野。

修煉戰略思維＝開拓視野及提升格局

另一方面，戰略思維的修煉是拓展視野及提升自己的格局。前文所述的底層系統是深度的修煉，現在探討的開拓視野及提升格局是廣度的修煉，以下我由四個層面去探討：

✳ 建立全方位視野 ✳

由於戰略方案是跨學科、跨專業、跨界別，戰略思維講求全面性，在認知領域上儘可能廣泛涉獵不同的知識。例如：你的專業是管理學，你可以再關注歷史、文化、藝術、宗教、哲學、風俗、政治、經濟、資訊科技等知識。譬如：老化區重建項目，制定戰略方案時要考慮：老化區重建對當區市民和商戶的影響，重新安置地區的準備及配套設施是否完善，哪些官方或者民間組織提供支援措施，是否需要進行歷史文物的保護和活化，人口凍結登記，業主強迫遷租戶的糾紛，市區重建局對住宅租戶體恤的援助，搬遷後老化社區的

衛生及治安問題,「樓換樓」安排,現金補償……。因此,你了解越多,在統籌、策劃及佈局上更容易考慮不同利益者(或利益集團)的關注點,從而在戰略方案上盡量兼顧和平衡各方利益,增加戰略方案的順利執行與落實。

✳ 自問自答·討論交流 ✳

這是指面對自己有興趣了解的事情,多問為什麼,以及思考問題的答案。如果你想不到答案,可以透過網絡,或者翻看書籍,或者報讀課程等去學習及了解相關知識。然後,分析資料,也可以跟有分析能力的朋友一起討論和交流。如果朋友能夠提出你想不到的觀點,那麼在討論中就互相擦出火花,交流就有意思,彼此互相學習,也幫助拓展自己的思維領域。

✳ 結交層次高的人 ✳

何謂層次高的人?我的想法是:教師、主管、老闆、領導,在不同領域厲害的人,甚至是認真做事情的人……。你可能會反駁,我是小人物,何德何能去結交這些高手、能人?的確,當我們沒有出色的能力,沒有亮麗的學歷,以及沒有過硬的技術時,我們只是芸芸眾生中的普通人。我不主張你透過巴結、拍馬屁去認識高人,因為沒有用。

最快捷的方法是培養自己成為一個能人,可以透過報讀課程,參加大學周年活動,參加有質素的交流會,上網自學知識或技能等等;可在工作崗位上扎實做事,虛心向同事、主管請教,學好技能;可以專心研究自己有興趣的領域等等,務求達到公眾認可的水平。這時候,你再去結交相關圈子裡厲害的人,才有機會與能人交流,甚至成為互相欣賞的朋友,彼此建立信任與信譽,才有機會洽談合作。

結交層次高的人最終目標是達到雙方共贏互利。如果只想利己，那是自私，顯得層次低，你的舉手投足，高人都會看在眼裡。

✻ 自我否定·提升格局 ✻

人應該敢於自我否定，處事可以嘗試放棄使用舊方法，才可以迭代，才可以創新。例如：同樣是雞蛋，外婆可以煮出不同的變化菜式：蒸水蛋，水煮雞蛋，炒滑蛋，流心蛋，煎太陽蛋，煎荷包熟蛋，做豬肉和魚片蛋包角……。外婆煮得一手好菜，我和家人很喜歡吃，也很欣賞外婆的廚藝。外婆 60 多歲時，家中來了一位客人，外婆還有一道魚沒有煮，客人還沒吃就說外婆不懂得煮食，我們聽

到後心中不快，為外婆抱不平。可是，外婆沒有生氣，她溫和有禮地詢問客人如何煮才好吃。客人表示要自己下廚，外婆就交給他煮。我們習慣了外婆的煮食口味，客人煮的魚我們只試了一口，他自己清理餘下的。吃飯之後，外婆和客人聊天，完全沒有被否定廚藝的不愉快。因此，不管被人否定還是自我否定，否定後使用新方法，採納新建議是一種胸襟的修煉，也是一種格局的表現。

你知道什麼是格局嗎？格局是指一個人對自身和外物的觀察能力與洞察能力，這兩種能力合稱為認知能力，認知能力就是格局。如果一個人的認知能力低，他就不能妥善地解決問題，代表不具備格局，反之亦然。另外，格局也指一個人的眼光、胸襟、膽識和心理因素的正能量組合。

所以，大氣、大度才可以和人，也可以理解為情感商數，簡稱為 EQ。EQ 高的人容易與人相處，使人溝通愉快，相對容易促成合作

與交易。修煉格局就是學習提高 EQ，訓練開拓胸襟。有格局的人會包容，甚至接納對方提出不同於自己的優質意見，就算對方以冒犯或者不禮貌的方式提出意見也不生氣，這是一種尊重與理解，也是一種大度的表現。

有格局的人，在制定和執行戰略方案過程中，根據對自己（特別是對自己的強項與弱項）的了解，以及對外物的認知，敢於否定自己，並且作出調整，這是反思與創新的表現，對推動整個戰略方案有正面作用。

總結

感謝你看到這裡，相信你已經知道戰略思維的定義，讓我們一起回顧戰略思維，你還記得嗎？戰略思維：指執行者（個人或機構）對重大問題或將來發生的重要事情有全面性、長遠性、根本性的謀劃或佈局，這種謀劃涉及發現問題，思考、分析、判斷、執行、預見、決策和修正等一系列的動態過程，為問題提供一個適切、有效的解決方案，透過執行計劃展現出來，期望達到預期的結果，實現目標。

戰略思維有 12 個比較重要的特點；除了領導要有戰略思維能力之外，每個人也應該具備戰略思維，學會預測和佈局，有助更好地解決日常生活面對的種種問題與挑戰。最後，普通人修煉戰略思維的方式是：「打地基」與「開拓視野及提升格局」。

如果你想自我提升，或者想在職場上有更大的晉升與發展空間，那就去研究戰略思維，並為自己制定一套戰略方案，然後全方位去修煉。沒有事情是不勞而獲的，一切獲得都需要奮鬥！

注釋：

1. 十四五規劃資料來源自「中華人民共和國國民經濟和社會發展第十四個五年規劃和 2035 年遠景目標綱要」。

2. 孫子主張敵人假裝敗逃回本國時，不要攔截追擊。另外，包圍敵人時要留缺口，敵人到了絕境可能會拼命反抗，如果留有缺口就會令部分士兵逃亡，令到軍隊士氣潰散，這樣有利破敵。

3. 指臨危不懼，在強大對手面前的勇氣及行動。

4. 減輕義務教育階段學生作業負擔和校外培訓負擔。

5. 加強對房地產行業監管，銀行收緊信貸，令住房開工率下降，內房財務壓力令房地產投資受壓。

6. 中國整治文娛領域，要求「從嚴從實、標本兼治，營造天清氣朗的文娛領域風氣」。被封殺的藝人有吳亦凡、張哲瀚、鄭爽、趙薇等等。

CHAPTER 5

突然間懂了
成長的五個關鍵

引言

你有突然間懂了的成長經歷嗎？
人，一生在不斷學習，
在經歷，在體驗生活，在生活中成長，
在成長中懂了一件又一件事情。你有這樣的感覺嗎？

我有，這幾年我不斷地在經歷，不斷地在成長，
也在思考，甚至嘗試深度思考與分析事情。
這篇文章透過我一條線的成長經歷，
帶領你去思考五件人生重要的事情，
你會在人生不同階段去認識或者面對這些事情，
究竟是哪五件重要事情呢？文中自有分曉。

「突然間懂了──成長的五個關鍵」，
我理解為頓悟，以下逐一和你探討：

1. 什麼是悟？
2. 什麼是頓悟？
3. 什麼是成長？
4. 冥冥中安排的成長
5. 為什麼說人心難測？
6. 你有想過五件人生重要事情嗎？

1 什麼是悟？

「悟」的部首是什麼？嗯，是「忄」字部。這個字的組合是「忄」字部首加「吾」字，指的是什麼呢？我理解為——明白我的心。心就是內在的自我，了解內在自我的感受與思想，從而覺醒，或者覺悟真理。你明白自己的心嗎？這涉及哲學的思考，即「我是誰」、「我從哪裡來」和「我要去哪裡」。你曾經問過自己這些問題嗎？暫時你先想一想，稍後我們一起逐一探究。

2 什麼是頓悟？

你如何理解「頓悟」呢？「頓」是指突然、忽然、立刻；或者很短時間的停止；或者處理、安置。「悟」是指明白、覺醒。結合起來，我的理解是：突然明白我的心；或者安置好我的心；或者在很短時間的停止（即瞬間的閉關期），然後就明白我的心。奇怪嗎？心是一個奇特的器官，在生理結構上不算太複雜，在心理上卻難以觸摸和揣測，「人心難測」這成語就說明這一點。「頓悟」是指突然了解、領悟，明白一些事情、或問題、或自我、或真理。進一步解釋是：指沒有時間上的局限，屬於跳躍式，直接領悟真理。

你成長了嗎？為什麼有人說你長不大？你心裡一定會反駁：「你說——我長高了；我感覺自己老了，反應遲鈍了，體能變差了；我的樣子真的蒼老了，皺紋長出來了，白頭髮也長出來了……」你這樣回答也正確。在生理結構上，你的確成長了，長高、長年歲、變胖、變瘦、變矮、體質變差等等；可在心理上，你沒有變成熟。處事時，你仍然停留在小孩子階段——脆嫩。這一刻，你可能會思考成長是什麼？如果你是這樣想的，那非常好，給你一秒鐘思考，下面我略說：

根據網絡上的解釋，成長是指：長大成人；年歲增長；也指自身不斷變得成熟穩重的一個過程，簡稱為由稚嫩向成熟階段的發展；接受差異性，接受別人的想法與自己的想法不一樣，包容性大了。我自己理解為：有自己的想法，勇於承擔皆為成長。人之所以會成長，是透過種種經歷去認識自己，了解自己內心的想法、訴求與局限。然後，會問自己：「是什麼」、「為什麼」與「如何做」，然後去尋找問題的答案或者尋找真理。如果你有這些特徵或想法，表示你成長了，或者在不斷地成長。此刻，你屬於哪一個成長階段呢？

4

冥冥中安排的成長

　　看到這裡，相信你對「成長」和「頓悟」字面上的意思有基本的認識。如果你早已經頓悟了，我替你感到高興，相信你的成長一定是向上生長，或者是瘋狂地成長的。我相信你所經歷的一切磨練，將幫助你開拓更好的自己，以及了解生活的不容易，也許有「家家有本難念的經」的真實體會。如果你現在還沒能領悟，不用擔心，也不用焦急，也許你欠缺被人「叮」一下；也許你像電視劇的「一休和尚」那樣盤腿而坐，並用左右手指敲打腦袋去思考；也許你的父母、你的家人，以及老天爺對你的眷顧與愛戴，你目前生活得非常好，生活無憂，那也是你的福氣，暫時隨緣吧！至少，現在你已經長大了，也明白成長是由擺脫稚嫩、走向成熟的階段，而這些靠經歷，以及靠不經意卻冥冥中安排的歷練事件，你所接觸的人、事、物促使你頓悟，這一切都是你應該學習的。如果你懂得感恩，這也是老天爺恩賜給你的禮物。

5

為什麼說人心難測？

你還記得嗎？心是一個很奇特的器官，人體左邊的心臟有節奏地、不停地跳動，你才感覺自己仍然是活著的。可是，人有時候會迷失，即使心在跳動，人卻像行屍走肉一般。不明白自己的心在想什麼，不明白自己活著為了什麼，也不明白活著的使命是什麼……。這下子好了，我們一起探討心的哲學問題，又是那句：「你明白自己的心嗎？」追溯本源，指：「我是誰？」（認識和了解你自己）；「我從哪裡來？」（生理學上的解釋為：你父親的精子與你母親的卵子結合受精，由你母親孕育出來的）；以及「我要去哪裡？」（是指你的使命。這要結合「承擔」兩條腿一起出發，有使命的人一定有承擔，有承擔的人不一定有使命）。所以，如果你明白自己的心，知道自己要走的路，持續耕耘，你茁壯成長的日子就指日可待，如花開有期，耐心等待就可以。

6

你有想過人生五件重要事情嗎？

心臟的器官很細小，成年人的心臟重量約為250克，會因人和年齡的不同而略有差異。成年人的心長約 12-14 厘米，直徑約 9-11 厘米，前後徑（厚度）約 6-7 厘米。就是用一隻手握拳，再用另一隻手包住它，其大小就約等於你心臟的大小。而心的胸襟可以很廣闊，如一望無際的平原。這樣細小卻又廣闊的心臟很繁忙，平日的工作量很大，人生有五件重要的事情要靠它去領悟，領悟了就能好好成長，生活就會過得淡然、處變不驚。這些重要的事情是：關於借錢，關於努力，關於友情，關於死亡，以及生命影響生命，以下逐一闡述：

一、關於借錢

你有借錢給人，或者向人借錢的經歷嗎？我出來工作時，肥爸爸就告訴我：「千萬不要借錢給別人。」媽媽聽到後立刻附和說：「你爸爸借了很多錢給人，每次也是有借無還。我也是，借出去的錢多，還的沒有見多少人，要麼是償還少少，要麼說沒有錢。」是的，記得有一次，媽媽提醒借款人還錢，對方回應時，媽媽聽到後極力忍住，然後閉嘴掛斷電話。你猜一猜，對方跟媽媽說什麼？對方說：「我沒有錢，你拿刀來砍我吧！」我知道媽媽很不開心，我們聽到之後也感到難過。可是，針沒有砸到肉是感覺不到痛的，工作初期，我把爸媽的話當耳邊風，你曾經把你父母的話當耳邊風嗎？

✳ 難忘的第一次 ✳

　　唉！不聽父母良言，吃虧在眼前。我借過錢給人，印象深刻的有兩次。一次是我把 95% 的錢借了給人，只留下少量錢存在銀行，其實還欠 2,000 元才能達到銀行的最低存款要求。朋友說急用，而且答應我一個月之後償還。朋友問我是否需要寫借據，基於信任，我答不用。一個月之後，朋友說抱歉，不能一次性還款，只能每月一點點還給我。我除了點頭，一切話放在肚子裡，什麼也沒有說。因為犯錯的是我，這個教訓我吃了，難吃也必須吃下去。

　　然後，過了不久，我突然失業了，我竟然沒有為自己做任何金錢上的準備。那時候，我真的很想大力掌摑自己一巴掌。我有告訴借款的朋友我失業嗎？沒有，我認為沒有用，也不要增加朋友的心理負擔。當年，無論什麼工作，我也去面試，人工高低也不考慮，哪一位僱主點頭聘請我，我就立刻答應上班。為什麼我這麼心急呢？不是因為我借了大部分錢給朋友，而是我之前向香港政府借了高息貸款讀書。雖然香港政府給予學生最長 10 年還款期，但我想盡快償還，我不喜歡有欠款的感覺[1]。我選擇了高息貸款[2]，是因為不用審查父母的資產，一怕審查資產後不獲批；二讓父母放寬心，書是我自己想讀的，自己承擔學費也是很合理。

✳ 第一次借錢給人的教訓 ✳

　　當然，我很快找到新工作，也在公司扎根超過 10 年。以上的經歷教會我：（一）不要隨便輕信朋友的片面之詞而魯莽做任何決定；（二）做決定之前要想清楚最壞的結果；（三）結果好與壞，自己必須學會承受（正如上述事件，我一直不敢告訴爸媽，後來覺得很委屈，告訴了姐姐，並請她保密）。

✳ 難忘的第二次 ✳

　　另一次，朋友向我陳述了借錢原因，我很快就借了數千元給朋友。第二天，朋友告訴我回家途中把我借給他的錢弄丟了。我聽到後驚呆了，我說我已經把錢借了給你，他答是的，但是不小心掉了。後來我們認識的長輩在外面知道此事，長輩說我不是第一個借錢給朋友的人，長輩轉告朋友，不要欺負我，我賺錢不多，而且要贍養爸媽（每月給爸媽家用）。一段時間之後，朋友把錢全數還給我。多年之後，長輩說偶遇這個朋友，知道他已經洗心革面，並且為當年的事情道歉，他由壞變好了，我聽到後也感到欣慰。

✳ 第二次借錢給人的教訓 ✳

　　這次經歷教會我：（一）遇事不要太快作出決定，尤其面對朋友的借錢查詢，最好先向共同的朋友了解情況後再作決定；（二）人會犯錯，對於改過自新者，要學習原諒。不知悔改、不懂感恩與喜歡貪小便宜的例外。（三）任何人應該有金錢上的儲備，當遇到人生風雨時，自己解決，不要隨便伸手問人借錢，未雨綢繆，是對自己負責，也是對家人負責。

✳ 藝人楊冪的「借錢觀」 ✳

　　藝人楊冪在綜藝節目裡和閨蜜張大大談起自己的借錢觀，她表示不會借錢給朋友。如果借錢後，被人抱著「你這麼多錢，我不還也沒關係」的心態，也許是一種「道德綁架」。她認為保持友誼純粹，不和朋友談錢比較好。

　　根據我爸媽和我借錢給人的經驗與教訓，我認同楊冪這個借錢的觀點。不借錢給人，就避免日後因為還錢而引起的紛爭，甚至令到彼此友好的關係破裂，造成金錢上和精神上的損失。同樣是借錢，

如果人向銀行借款，他會比較有責任感，而且除了償還本金之外，他還沒有異議償還利息，定期乖乖償還，因為不償還銀行的借款是有代價的，機會成本也許需要用房子或者抵押品去抵押才能借錢，不還錢有機會被銀行收了房子或者抵押品去拍賣。而跟朋友借錢仿佛沒有什麼威脅，不還錢或者拖延還錢，朋友也不能把你怎麼樣，機會成本最高可能是以後不能做朋友。所以，朋友還是純粹一點比較好，談錢容易傷感情。對於借錢，你有什麼看法呢？

＊ 小結 ＊

總的來說，以後是否不能借錢給人？不一定，要看借款人的品格而定，不可靠的人不能借；借出去的錢要有心理準備不能收回，所以借錢給人時要量力而為。以及，家家有本難念的經，自身情況不允許時，不要打腫臉充胖子，要果斷不借。最後一句：「借是人情，不借是道理！」

二、因努力而成功

努力的同義詞是勤奮，人要獲得成功必須努力奮鬥，成功是有代價的，就如明代著名醫藥學家李時珍。

＊ 李時珍的故事 ＊

小時候，李時珍的父親李聞言（民間醫生）給他講了很多關於花草治病的功用，引起他對花草的興趣。他從小就勤奮好學，閱讀了很多醫學書籍，敢於對醫書內容產生懷疑，甚至透過實踐去確認知識。

李時珍參加鄉試失利後跟隨父親學醫，後經推薦到了太醫院工作，升為六品官。他閱讀大量醫書，醫好很多達官貴人。當人們以

為他前途無限時，他辭職回家鄉當土郎中，也當赤腳醫生，以及寫書，收入微薄。

李時珍努力鑽研，實事求是，走遍大江南北，不斷豐富醫藥知識，經過約 30 年，他終於寫成了著名的醫藥著作《本草綱目》，這本書對明代以前的藥物進行了系統的總結，也是他畢生的心血結晶。

可惜因政治因素，他至死不能出書，他死後三年家人才替他出版了《本草綱目》。對李時珍而言是有遺憾的，但他的著作卻是當代人民之福，也造福後世。

李時珍是一個勤奮、有毅力、有決心的人。以前人生七十古來稀，他用了將近 30 年深入實地考察才寫成《本草綱目》。那是用了差不多半生的精力和心血投入研究。成功有幸運的元素，但更多的是自身的努力與持續不斷的奮鬥。也許，淡泊名利更有助潛心鑽研學問。

李時珍是一個偉大的人，而我只是一個普通人，但我也試過全力以赴去做一件事情。以下，是我用了一個月努力學習視頻製作，換來四個嘉許的心路歷程分享：

✳ 我學習視頻課的心路歷程 ✳

2021 年 4 月，我報了 28 天的視頻課程，加上練習打卡時間（小程式練習簽到與交作業），上課打卡總共是 32 天。我是一個視頻小白，不熟習拍照，不熟習錄影，不會使用任何剪輯軟件，家中沒有電腦（在這個資訊發達的年代，我算是令人驚嘆的另類）。而且，我家沒有 Wi-Fi，沒有上網。那我有什麼呢？我有手機，手機有不多的數據可以上網。由於地域限制，我申請視頻號（影音號）不成功，我在香港下載的「剪映 App」功能，與國內的「剪映 App」功能有很大分別。香港版的「剪映 App」（名字叫 CapCut）很多功能也沒有（這大概涉及商界的利益問題，在此不作探究）。課程要求學員最好在上課時擁有自己的視頻號，但是我卻「百無」，既無知，又沒有設備，

如一張白紙，我如何逐一解決對一般人（內地學員）不是問題的問題呢？請你繼續往下看——

上課時，我跟班長溝通後，班長特意找了一個在香港曾經報讀視頻課程，以及擁有視頻號的學員與我聯絡。經過溝通，這位學員給予我一些建議方法，跟我之前與另一位可以開通視頻號的香港友人給予的建議一樣，她的態度很真誠，但是她的意見不能幫助我在課程完結前開通視頻號。

✳ 突破的關鍵 ✳

我在想：既然我想在視頻號領域作出嘗試，那就徹底一點，我決定另外購買一部內地手機。收到新手機之後，我立刻去電話公司申請開通使用，電話公司的職員建議我多等幾天，這可跟我另一個手機號碼同期繳交每月電話費。期間還有小插曲，我原本有另一張電話卡，然而正值較早前工作的公司搬遷，我不知道把電話卡放在哪裡，輾轉尋覓不果，我決定去電話公司付款補卡。當一切準備就緒，我就註冊申請微信帳號，就見到可以申請視頻號。

為了申請視頻號，我上課兩個月前不斷與班主任溝通，開始每天發朋友圈增加申請開通視頻號的權重，以及考慮不同方法開通視頻號。如果新手機不能成功申請視頻號，我已經有心理準備先建立抖音，或者公眾號。現在成功了，我很高興，可以在課程完結前開通視頻號的目標達成了，那一刻真的有撥雲見日的感覺。

我告訴自己不要急：其他的拍照、攝影和剪輯技術等等就一步一步學習。在處理這些問題之前，我最需要處理的是上網與手機數據流量的問題。我的手機數據有 20GB，家中沒有上網，沒有 Wi-Fi，徵得老闆同意，我放工後留在公司學習，那是我佔公司便宜了。我佔用公司的冷氣、水電和 Wi-Fi，所以我非常感謝老闆對我業餘進修學習的大力支持與理解。另外，我自己去電腦城購買 Wi-Fi 蛋和數據卡，有時候在家裡做視頻作業也要使用不少數據流量。

✳ 我如何學習呢？ ✳

我每天早起做作業，晚上放工學習課程後就做作業或者修改作業。朋友約吃飯，我果斷拒絕。星期日不敢八點後起來，一早爬起來「坐定定」做作業，做完作業才去刷牙洗臉。

剪輯是整個視頻課程的技術活兒，上課的日子，我每天也頭昏腦脹。頭十天上課，我很不習慣，一下子每天專注使用手機摸索剪輯技巧，每天用三個小時以上去學習，我的眼睛每一天也非常刺痛，雙眼經常佈滿血絲，而且天天掛著一雙渾濁、疲倦、紅紅的眼睛回公司，天天嚴重睡眠不足。完成課程之後的一星期，我仍然在慢慢休息。

✳ 我如何用一個月換來四個嘉許？ ✳

上課時，我除了要做視頻作業，還要學習課程內容，寫文字作業，還要與同學互動，才能獲得基本分數。每次作業，我很認真，因為作業做得好，才能獲得老師的認可，才有機會獲得精選，累積一星期排前十名的成績，才能夠成為優秀學員，累積一個月上積分榜前十名，才有機會成為精英學員（課程期間，我不知道什麼是精英學員，課程完結後，我才明白它的計分方式與要求）。說實話，我從沒試過如此認真地學習，也從沒試過這麼努力地學習。獲得優秀學員不算太困難，獲得精英學員是非常困難的，因為有部分同學各方面的能力是非常優異的。這次我體會到：有些事情，不是自己不能，而是自己不為，以及不會作為。努力僅僅是標準，拼命努力才有機會獲得回報。對此，你有什麼看法呢？

✻ 小結 ✻

　　一個小白如我，由零開始，用一個月換來四個嘉許，分別是：第一周優秀學員、精英學員、優秀進步獎和原創視頻大賽獎（獲獎的視頻是：「你有突然長大的感覺嗎？」，從 130 名學員裡脫穎而出），獎項是對自己努力付出的認可與回報。歸根究底，努力是要全力以赴，做到 100%、120%，甚至 200% 的投入與專注，不斷挑戰自己的極限。

　　以前，我認為自己是一個努力的人，但是當我看了李時珍的故事，我知道自己在勤奮、毅力，以及追求學問等方面遠遠不足夠，要向前人李時珍學習。

突然間懂了——成長的五個關鍵

三、關於友情

關於友情的文章及觀點已經被很多人說爛了，我只想分享以下三點，你看看彼此的觀點能否擦出火花：

✲ 你若安好・我便喜樂 ✲

在 2018 年 8 月 2 日，我曾經寫了一篇關於朋友的新詩，給你看看：

友情
曾經
我十分羨慕別人有很多朋友
好朋友也一群
隨著年歲的增長
我也認識一些不同界別的朋友
然而
我特別關注的不多
一小撮而已

我們的交情純潔
沒有雜質
純粹分享交流
你的喜悅 我為你高興
你的擔憂 我為你祝福
你的悲傷 我為你難過
你的憤怒與委屈 我為你感到不平與安慰

閒時
我送你詩詞
送你笑片
送你歌舞
送你沉思的文章

需要時
我與你分享我的喜怒哀樂 生活點滴
和風細雨 滋潤心田
同頻共振 泛起漣漪
心之所感 情之起動

一來一回交流
如比賽場上單打乒乓球的選手
滴滴答答 情義互動
要麼如親姊妹般情深
要麼如親兄弟般協調
友情昇華至接近親情
源於兩顆互相祝福對方的心
你若安好 我便喜樂

三年後的想法

三年後再看這篇《友情》舊作,我的想法仍然如初心:「你若安好,我便喜樂」。

純粹的友誼是最美好的,平淡如水,偶有漣漪。彼此沒有華麗的修飾,也沒有虛偽的面貌,卻能相知相惜,互相傳遞溫暖。

✳ 把微信朋友圈設置為三天 ✳

關於這個主題,相信你不會感到陌生,當你想默默了解朋友的近況,按入他的朋友圈,卻見到:「- 朋友僅展示最近三天的朋友圈 -」。你當下的心情如何呢?也許你會想:他把你視為朋友嗎?陌生人可以允許瀏覽十則朋友圈,那你豈不是還不如陌生人?這三天令人產生距離,彼此的界線被劃出來了。可事實是否如此呢?朋友為什麼把朋友圈設置為三天呢?你有思考或者做過這樣的設定嗎?

把朋友圈設置三天的原因

原來網絡上有些人的解說很有趣，他們把朋友圈設置為三天的原因是：不想被觀察，或者不想被評價；因為工作或者其他原因添加了素未謀面的陌生人，但不代表把自己的生活狀態坦露；之前立了很多 Flag（目標），發了朋友圈被人看到，擔心做不到會被人「打臉」；過去的自己是「傻瓜」，三天前的自己，連我都不想認識，這怎麼能讓別人偷窺與查看呢？

測試——我把朋友圈設置為三天

以上的說法，相信你看了會會心一笑，或者放下心中少少的不舒坦——「哦，原來如此，我明白了。」其實，我曾經把朋友圈設置為三天，因為我友好的朋友這樣做了，我也想試試這樣做有什麼感覺。我只能看你三天朋友圈，那你也只允許看我三天的朋友圈，我覺得這樣做才公平。

我的行為是不是很小孩子呢？最壞的結果在可以接受的範圍內，我覺得這樣的測試可以嘗試。自己試過了，才能夠在別人的角度去看問題，也能夠容易產生同理心（注意：違法的事情不能試）。我的測試結果如何呢？

測試結果

測試結果嗎？我忘了自己在做測試呢！我沒有那麼多時間去關注朋友，我忙碌時，一個月也不和平時聯絡的朋友溝通，除非特殊事情。我的時間已經不夠用了，沒有收到朋友的壞消息，知道朋友一切安好便可以了。

我後來把朋友圈設置可被瀏覽的時間範圍為：「最近一個月」，這主要是讓關心我的長輩，以及關心我的親友知道我的近況，讓他

們安心。我為什麼會設置一個月？因為一個月不太多也不太少；訊息可以保持新鮮感；別人（包括新朋友）不會那麼無聊，經常去翻看你的朋友圈，大家都有自己專注的事情要忙碌。

小結

朋友圈是記錄值得記錄的生活小事，有時怕忘記一些煮食方法；或者把一些好的文章作記錄，方便日後容易尋找；或者有年長的朋友把照片放在朋友圈，記憶力衰退時翻看可以尋回記憶……。如何使用和管理「微信的朋友圈」，每個人都可以有自己喜歡的方式去表達或者記錄。

關於把朋友圈設置為三天，或設置一個月或半年，甚至不發朋友圈，這樣的安排針對的是自己，表達的也是自己的態度。其他人不應該對此有玻璃心，應該尊重他人，更應該專注自己，專心做好自己要做的事情。如果有需要，直接發訊息和打電話給朋友會更加有效，你同意嗎？

＊ 朋友的誠信 ＊

最後一點，我覺得很重要，就是朋友的誠信。

朋友的類別有很多種，有些是點頭之交，只適合平日打招呼；有些只適合工作交往；有些是社交場合認識的潛在客戶；有些是工作上的合作夥伴；而有一些是學習社群的夥伴等等，最珍貴、最缺少的是交心的朋友。如果你找到交心的朋友，就要將心比心，真誠呵護這種友誼。

什麼是誠信呢？你被朋友欺騙過嗎？為什麼朋友交往要重視誠信呢？如何令自己成為可信之人？如何去呵護呢？以下逐一略述之：

朋友之間重視誠信

在了解誠信之前，我們先來玩一個拆字遊戲。人有一定的經歷和生活閱歷，會慢慢懂得把詞語拆開和組合起來思考與琢磨，你試過嗎？來，我們一起嘗試把誠信拆解。「誠」是什麼意思呢？誠是指誠信、忠誠。信是指信用、信任。一個人是否有誠信，體現在他對事情的回應；以及他是否信守承諾；是否作假；也體現在他對自己能力的了解與自信。簡而言之，誠信是一個人的核心價值，是思想與行動一致的行為表現，也是一種品格的體現。

你被朋友欺騙過嗎？

中學時期我曾經聽信同學的片面之詞，因而做了傻瓜的事情。坐我前面的女生，在老師發地理科試卷前，她神情緊張，言語擔心自己考得不好，她扭頭忐忑告訴坐在後面的我，訴說她的擔心與不安，我出言安慰她。

試卷發下來了，老師公佈了我前面女生的成績是全班第二名，而我卻差三分才合格。我前面的女生收到試卷後眉飛色舞，興高采烈地拍拍胸口說好彩，而我卻沉默了。看著試卷，我重新再計算一次分數。啊！老師計少了四分，我告訴了老師，更正後比合格多了一分，我呼了一口氣，說好彩！

那一刻，我想到自己前幾秒還好心安慰前面的女生，我簡直就是一個傻瓜。真可笑，別人有關心派發試卷後我的成績與心情嗎？沒有。

此後，當有高材生的同學考完試後，告訴我考得不好，我沒有太大的感覺。因為我知道她上課專心，筆記認真，功課優秀，即便考得不好，也比上課間中「釣魚」的我好，我不再出言安慰，也不會同情她。考試成績的好壞是對自己交代，也是檢視自己是否掌握所學的知識，你同意嗎？

為什麼誠信對交友重要？

被人欺騙過，才會長一分智慧，才明白不能隨便相信作假的人。常言道：「人無信而不立」，引自《論語·為政》，孔子曰：「人而無信，不知其可也。大車無輗，小車無軏，其何以行之哉？」孔子用牛車（大車）和馬車（小車）作比喻，如果沒有輗與軏（是轅與衡）銜接處，車就不能行進。這裡的銜接處，是指信用與信任，指人若不講信用，在社會上就無立足之地。如果人與人之間沒有信任，人力資源就難以配置。即不講信用的人寸步難行，什麼事情也做不好，因此人不能無信。

人具有群體性的特質，面對生活種種挑戰，個人不一定可以解決和處理所有問題，有時候需要依靠朋友的幫助，才能解決生活上的問題或者渡過難關。如果你是一個忠誠、可靠、有能力的人，必要時刻，你的朋友願意對你伸出援手，甚至願意在事業上提拔你，扶持你更上一層樓。

2021年，香港官場上「張冠李戴」（政務司司長張建宗的官帽給李家超戴上）就是一例，「臨陣換將」，一個被免去原有職務，另一個被任命上場，後者顯然比前者令人信任。

你說，一個人的誠信重要不？

如何令自己成為一個可信之人呢？

◆ 被朋友放飛機的故事

我分享一個反面教材。曾經，有一位朋友經常說參加我們的聚會，可是每次聚會前，朋友就會說頭痛，或者肚子痛，或者拉肚子，或者家人有事，或者各種巧合而缺席。最初一兩次，我們深信不疑，後來聽多了，朋友說這次一定來，我們只說好。其實，我們已經有心理準備朋友又再次放飛機了。我心想：為什麼不直接說：「抱歉，我不能來。」說這一句真的很難嗎？

◆ 心痛的故事

我分享第二個令我心痛的故事。多年前的暑假，我答應了表姐的兩個兒子，陪同他們一起去海洋公園參加「十月哈囉喂」（萬聖節，Halloween）活動（鬼屋揭秘之旅，進入鬼屋玩）。那時候我沒有寫完要交的報告，但是答應了表姐的兒子怎麼辦呢，如果不去鬼屋玩，他們一定會很失望。如果進入鬼屋，我會玩得很不安心。我想了一個折衷的辦法，我致電通知他們過來我家附近的地鐵站，我把活動入場票的金錢給他們，並親自向他們道歉，表示我還沒有完成功課，不能陪伴他們去玩，並且叫他們跟家人去玩。

◆ 做傻瓜的原因

那知他們回我一句：「嘩！阿姨，你發財啦？這麼大方，不如你購買我同學的門票，我同學跟我們一起入場玩？」我表示不可以，我只答應請你們兩人入場，沒有說請你的同學入場，後來表姐帶他們去了海洋公園玩。哎，你們知道我那時多麼心痛嗎？每人入場費為港幣 700 元，你們兩人快樂一

下，我的港幣 1400 元一下子就飛走了。當時我的人工不高，我真的心痛了好一會兒。然而，一言既出，駟馬難追。千四就千四吧，誰叫我對你們許下了諾言，心痛也要送錢和道歉，好似有一點兒傻瓜，但是值得的。假如你是我，你會如何做呢？

利益的考驗

其實還有一個非常實際又可靠的方法考驗誠信，那就是利益的考驗。如果你和朋友沒有經歷過利益的考驗，你不知道他是否忠誠，是否可信。在商場上，老闆把可行方案告訴了商會的朋友，他的朋友扮豬吃老虎，一邊收下方案，一邊說不能做。然後，他的朋友私下幹起來了，幹得風生水起，利益獨佔。因此，商場上很多時靠有法律效力的合同去保障雙方權益，彼此的信任與信譽才能有保證。對此，你有什麼看法呢？

如何去呵護一段交心的友誼呢？

你覺得朋友之間的關係要呵護嗎？我的觀點是：任何你認可的關係都要真誠、認真地對待，就算是好朋友也一樣。當你發覺彼此氣味相投，可以溝通，可以交心，就值得你平日用心對待。

◆ 俞伯牙與鍾子期之約跨越生死

戰國時期的《列子·湯問》記載：「伯牙善鼓琴，子期善聽。」在春秋時期，俞伯牙與鍾子期是千古傳誦的至交典範。伯牙用琴聲表達心意，以往沒有人能夠聽得明白，可是不管他彈什麼歌曲，子期都能聽出伯牙想表達的意思，兩人互相欣賞而成為知音，也結拜為兄弟，並且相約來年中秋再會。

第二年中秋，伯牙如期赴約，卻不見子期，打聽後知道子期染病去世。子期臨終前囑託鍾父把墳墓修在江邊，因為他相信伯牙會赴約，等到中秋相會時，就能夠聽到伯牙的琴聲。伯牙知道後萬分悲痛，他悽楚地彈起《高山流水》。彈琴後，伯牙挑斷了琴弦，把心愛的瑤琴摔得粉碎。知音不在，伯牙從此不再彈琴。

伯牙與子期的友情令人感動，生不能相見，死後靈魂不滅在守候。這反映朋友之間的情誼能夠跨越生死，彼此摯誠相待，也反映二人守約，雙方也是有誠信的人，重視承諾。

尋找氣味相投的朋友

如何知道彼此氣味相投？這看興趣，也看相識於何時。如果是讀書期間的同學，如果沒有摻入利益，純友誼交往會令人比較舒服。

另一方面，平時相聚，或遊玩，或彼此對某些事情的觀點交流，可以和而不同，以互相尊重為佳，透過不斷地溝通與交流，思想擦出火花，才知道大家是否可以舒適交流，是否能夠深入探討話題，是否可以坦露個人真實的觀點與盲點，是否認同，是否讚賞，是否互相欣賞等等。知己知彼，才能互助互勉，友誼才能實在，可以信賴。你的觀點又如何呢？歡迎你告訴我。

你有在思想與行為上對你一致表現的朋友嗎？如果你有這樣的朋友，而且有不少這樣的朋友，那恭喜你，你的人品得到你朋友的認可，你也找到有質素的朋友，這是彼此值得擁有的緣分。

小結

關於朋友這個議題，《友情》新詩表達的是朋友之間只有相知相惜，才能互相祝福，互相傳遞溫暖。而「把微信朋友圈設置為三天」是講出在公眾平台，人人也有表達個人想法或者意見的自由，各人的表達方式和管理朋友圈的方式也不同，這些都需要互相尊重，因為這是很個人化的記錄生活小事。相對來說，我比較重視朋友之間的誠信，因為在交友、就業、從商、個人品格等對我們的影響比較大，主導我們人生的成功與失敗，更是反映一個人的價值觀。俗語說：「道不同，不相為謀。」只有別人認可你、信任你，一切才有可期。因此，

朋友之間的誠信不可輕易毀之。關於朋友之間的誠信，你有什麼想法呢？

四、你有思考過死亡這個主題嗎？

＊ 啊，難怪你不想參加送別儀式 ＊

你有沒有想過死亡離自己有多遠？人漸長，就會明白每過一天，死亡就離自己近一天，意外與疾病除外，這些可以是突發性或者隨時發生，你同意嗎？死亡，對我來說，是生老病死的必經過程，人人有份，永不落空。恍如植物的生命週期，種子落地發芽，成長，開花，也許會結果實，然後枯萎，凋謝，回歸大自然的懷抱。人也如是，只是有時候自己沒有走到生命的盡頭，卻在成長的路上見證親人、朋友、長輩等等一個一個相繼離開。心酸傷感在所難免，我曾經一度有一點兒抗拒出席殯儀館的送別儀式。

有一年，我收到合共十個親戚、朋友或者同學的父母、長輩離世的消息，有時候一個月要去一次殯儀館，有時一個月去兩次殯儀館。當我見到佛教、道教的悼念儀式，見到穿白衣、黑衣、素色衣服的人群，以及每個樓層擺放五顏六色的紙紮物品，看到哀傷的人，聽到哭喊的聲音，我的喉嚨會收緊和鼻酸，心裡容易梗塞。如果不便出席，我會選擇致送花圈表達我的關心與慰問。

＊ 歡樂的悼念場面 ＊

進行悼念儀式時，也許場面哀傷，也許我的淚腺分泌充沛，我會忍不住流淚。印象中有一次出席親戚的悼念儀式，大家也很歡樂，沒有悲哀，那是「笑喪」。長者生前因病受苦，長者的離去，她的家人也為她感到高興與祝福。我覺得這樣的離別是最好的，這樣的送別也是合適的。家人患病受苦的日子長，除了病者痛苦之外，家

人同樣受苦，病者離世，大家一起放下解脫。故此，親戚的行為也合乎中國戰國時期的思想家、哲學家、文學家、道家學派代表人物莊子對死亡的觀念，莊子的妻子死了，他為妻子「鼓盆而歌」。莊子認為死亡是自然現象，死亡回歸大自然的懷抱，回歸安寧。因此，莊子認為死亡值得慶賀，表達他對死亡的樂觀態度。

＊ 人生如一列開往墳墓的火車 ＊

人生如一列開往墳墓的火車，途中有很多站，不同的站也有人上車，大家殊途同歸。對於陪伴我們坐一程車的人，尤其是親人，要心存善念，要感激，彼此能夠成為家人是一種緣分，彼此緣盡，便不再相逢了。然而，對於親人的離世，由於血緣、由於親情，我們的情感關聯比較深，親人的離世，我們比較難以放下，心情沉重。

有時候死亡來得突然，快到我們沒有心理準備。例如：外婆好好的，生活安穩，有阿姨用心照顧，吃得有營養，我們以為外婆可以多活幾年，可是突然收到外婆患重病的消息，幾天之後就撒手人寰。變化來得太快了，快到我們的大腦來不及消化壞消息，我們趕回家鄉，跑醫院，轉醫院，由收到消息到外婆離開人間，不多於七天。難過、壓抑、哀傷，在外婆面前努力扮演堅強，然後送別，再匆忙辦後事。之後才慢慢緬懷和回憶，一幕幕有意義的生活場景陸續呈現，有慨歎，也有祝福。

＊ 外婆離開前的兩句話令人慨歎 ＊

記得，外婆在離開前，她留下兩句話。第一句話是當她的理智投降時，她流露了真性情，她說：「老竇，我很辛苦，你幫下我啦，我想回到舊時，混沌，無痛苦的地方。」病痛令外婆倍感煎熬，苦了彼此相連的心。因此，落葉歸根，回到大自然的懷抱是好的。

外婆第二句話令我們的心情久久難以平復，她說：「做了幾十

年人，無做過壞事，唉，好人不好命！」外婆不知道，當時我忍得快崩潰了。她一生一直在做好事，一直為他人設想，為鄰居解決事情，村子裡受她幫助的人有很多。我很想告訴她：「人生的確有不如意的事情，但她的命是好的。」她有女兒們疼愛，有孫女、孫子們疼愛，有很多鄰居和親友來送別，有 80 多歲的好姊妹特意為她做一個哭別儀式，還有 70 多歲的鄰居特意為她刻意卻不經意地教訓對她不孝順的人，我看到鄰居的行為，心裡也感到安慰。

外婆年紀大，我們一家人也相對容易接受她離開的事實。然而，當比自己年輕的親人早一步離開，是不容易接受的，內心是異常痛苦的，你有這樣的經歷嗎？希望你沒有這樣的經歷。

✳ 不能承受的痛──年輕的親人離開 ✳

記得，當外公離開人世一星期，妹妹突然離開了我們。這真的如晴天霹靂，我們全家人也接受不了這個事實。媽媽有兩個月都睡不好，我也是，每天晚上撐不下去才能入睡。有一刻，我瘦到如紙板人，後來強迫自己吃東西。慶幸，時間有助療癒和舒緩傷痛。不管有多大的傷痛，隨著日子一天天過去，人也學習慢慢放下，學習慢慢接受，我幾乎與外界斷絕了兩年的連結，任何活動也不出席，因為我需要時間平復，父母需要我陪伴，家中事情一件一件需要處理。

✳ 珍惜生命 ✳

2019 年香港特別行政區政府提出《逃犯條例》修訂草案，引發反修例的社會運動，親戚的兒子因為大學師生號召而晚上外出支持社會運動，他比我年輕，我知道當時他不會聽我的建議不外出。故此我只告訴他：「注意安全，情況不對就立刻折返回家，保重，不要出事。」妹妹的離開令我深切明白到，如果家中年輕的親人出事，其他家庭成員，尤其父母是會異常難過和傷心的。那時候我真的體

會到：「身體髮膚，受之父母，不敢毀傷，孝之始。」要愛護和珍惜父母恩賜的身體，這是孝道的基本要求。身體髮膚不能傷，生命更加要珍惜和愛護。

✱ 死亡的思考 ✱

當你慢慢認識死亡，慢慢了解死亡，從接收身邊親友的死亡消息，再到參與其悼念儀式，到自己的親人離世，甚至自己與死亡擦身而過等等。當你有過這些經歷，你慢慢會明白以下兩個重點：

與父母連結，溫暖彼此的心

第一個重點是：當我們一天天長大，父母就一天天變老。（當然我們長大也是變老的過程，然相對父母來說，我們長大是由幼嫩變成熟的過程，而且不管我們年紀多麼大，在父母眼中，我們仿佛仍然是小孩子。另一方面，父母由不成熟變成熟，再變年老的過程。）如果沒有意外，最終父母會比我們早一步離開人間。

當我們讀書、工作、結婚後，我們與父母相處的時間不多，故此要珍惜與父母相處的時光。平時陪伴，例如：一起吃飯，一起聊天，一起去旅遊，甚至隔天打一個電話等等，都可以增加彼此的連結，這樣的連結可以溫暖彼此的心，當離別時，彼此也有值得回憶的片段。

立刻行動，不要讓自己有追悔的機會

第二個重點是：你也許會明白活在當下，珍惜當下。當下就是現在，只有當下才是你可以掌控的。由於不知道死亡什麼時候到來，有時會有意外，意外就是意料之外，不能估計，所以如果有什麼想做的目標、夢想，甚至一場談話等等就要立即行動。錯過了就是一

輩子的遺憾，你今天好好的，明天可能就長眠了。

記得，中學時教我們中文科的冰冰老師，那天是星期五，她在放學的路上見到我，我也見到她，她想跟我聊天，可我當時不想跟她聊天，結果她看著我欲言又止。然後，下星期一回到學校，知道她在過去的星期日因為哮喘病發作而離世。我一直記著這件事，如果有如果，我當天就應該跟她聊天。冰冰老師為了鼓勵我們努力溫習，自己買了精美的筆記本，如果「默書」（學生把老師讀的課本內容背默寫下來）連續五次 100 分就可以獲得她贈送的精美筆記本，我還領取了她送的一本筆記本。可惜世事沒有如果，前事只能追悔及回憶，與一份淡淡的歉意。

＊ 名人的遺言 ＊

每個人的生命只有一次，生一次，死一次。也許人們會對名人的死亡遺言有興趣，希望從中借鑑。名人對死亡的看法其實是他對自己最坦誠的心底話，也是他對整個人生的總結。

以下我節錄三位名人對死亡的看法給你參考：

一、德國哲學家、經濟學家、政治學家、革命理論家、歷史學家和社會學家，卡爾・馬克思（Karl Marx），他的遺言是：「真囉嗦，滾開！沒說夠的傻瓜才有臨終遺言。」（他遺言的含義是活在當下，把握生前能夠做的努力。）

二、意大利文藝復興時期的畫家、雕刻家、建築師、解剖學家、工程師，達文西（Leonardo da Vinci），他的遺言是：「我冒犯了上帝和人類，因為我的作品沒有達到應有的水準。」（他的遺言反映他死前仍然追求卓越，為人謙虛。）

三、數學家阿基米德（Archimedes），他的遺言是：「等一下再殺我，讓我把這道題證完。」（他的遺言反映他至死仍然對數學的熱愛與研究，這種熱愛超越生死。）

對於以上三位名人的遺言，你有什麼想法呢？你喜歡哪一句，為什麼？

五、你吃透「生命影響生命」這幾個字的含義嗎？

＊ 為什麼你不明白「生命影響生命」呢？ ＊

相信你聽過「生命影響生命」這幾個字，但是你吃透這幾個字的含義嗎？很多年前，我的好朋友對我說：「真的，生命影響生命。」那時候，我聽了只是回應：「嗯。」什麼意思呢？是指我不明白，別人的生命影響不了我的生命，我們之間沒有任何連結。即便聽了別人悲慘、努力的故事，也許只是覺得他真的不容易，心裡會為他加油。這樣的行為是好的，表示有同理心。

很多時候，我們只是像聽故事、看故事一樣，自己的角色是觀眾，是個局外人，可以對事件的主角有客觀的評價，甚至因為感動而作出短期的善意行為如捐款和捐助物資。然而，你有沒有想過如何做才能對自己有實質和正面的影響呢？

＊ 如何才能明白「生命影響生命」？ ＊

當你親身走進別人的生命，積極投入，甚至超負荷地投入一段時間，你才會有真實的體會，才會對「生命影響生命」這幾個字有深度的理解。有了深刻的理解，才有獨特的體會與觀點，不再「人

云亦云」，不再局限於表面的評價，你會跳出原有的框架，從多角度去思考問題，從中訓練自己獨立的思考能力，甚至從此改變自己的行為，也許會推翻自己之前對一些事情的觀點。如果你想進一步跟我交流，可以看看以下我的真實經歷，作為理解「生命影響生命」的參考：

我的經歷

◆ 媽媽出事

於 2018 年 10 月 31 日下午，媽媽在家突然跌倒昏迷，送了去醫院，被診斷為右腦中風。這是媽媽 10 多年後再次中風，她第一次中風的位置在心臟，那時做了通波仔手術，她休息了兩年，康復了。而這次，媽媽只能在醫院與老人院之間來來回回往返，家中還有 80 多歲的肥爸爸，而我要工作，媽媽出事後，肥爸爸由我照顧。

◆ 肥爸爸的變化——「講粗口」

媽媽突然出事猶如牽一髮動全身，我和姐姐用了一個月就接受了事實，我們沒有太多時間去悲傷，因為有很多事情要處理。肥爸爸就用了三個月才能消化和接受媽媽腦中風的事實，期間肥爸爸要求自己煮一次晚餐，那次是「粗口炒意粉」。整個過程，他一邊「炒意粉」，一邊「講粗口」，這是他從來沒有試過的。肥爸爸退休 20 多年來的生活是：衣來伸手，飯來張口的。老伴出事，他怎麼能一下子坦然接受呢？！媽媽出事，我就問肥爸爸會不會自己沖涼，他表示會。然後，我就說：「你自己會沖涼，為什麼要媽媽幫你沖涼？」他表示媽媽嫌他洗得不乾淨，於是就幫他沖涼。我告訴肥爸爸以後自己沖涼，他說好。

◆ 姐姐的變化 —— 如自轉的陀螺

頭三個月，姐姐一邊照顧家庭，一邊新界、九龍兩邊奔波協助處理媽媽的事情，忙到如自轉的陀螺，既「頻撲」又焦慮。安頓好媽媽之後，姐姐說：「終於可以放鬆了。」我想說：「嗯，你的確可以放鬆休息一下，但是我不能。」

◆ 我的變化 —— 翻天覆地

我的變化是翻天覆地的。除了工作，我要照顧肥爸爸的起居飲食，每隔一天就做湯、煮粥，有時候會煲糖水或者涼茶。早上上班前，我煮好早午餐，陪他吃早餐，以及準備好晚餐的食材，肥爸爸可以自己煮簡單的粉麵。另外，洗碗、清潔、購買家中物品，我一手包辦，還兼職做了肥爸爸的「私人家庭醫生」。照顧肥爸爸的日子，他不用去看醫生，除了他自己製造機會生病。[3]

◆ 生活重心 —— 四個主力場所

那時候，我整個生活重心只圍繞四個主力場所：家－公司－老人院－醫院。而且，我經常去的地方是：街市、超市和藥房。那時朋友邀請我去聚會吃飯，以及外界所有活動，我總是推掉。因為我很疲倦，身心超負荷，如果有時間，我只想睡覺。可是，晚上忙完家務，卻不能一下子入睡，我的手腳會不受控制地彈跳（即肌肉抽搐）。彈跳一段時間之後，人稍微放鬆才可以入睡。

別人早上上班是精神奕奕的，我的眼睛卻仿佛要掉下來了，很想睡覺。平日我除了準備早午餐和晚餐的食材，早上或中午或晚上可以抽出時間，就去買餸和買日用品，天天如採購經理。我已經不再使用手提袋，換上背背包，空出兩隻手可以協助提取物品。放工就跑老人院或者醫院，然後回家清潔廚房，隨意吃一點食物填飽肚子，就準備第二天的食材，以及按照肥爸爸的身體需要做湯或者煮粥。

那時候晚上不敢關手機，很害怕收到醫院打來的電話。如果收到醫院或者老人院的電話，就立即行動，奔走處理媽媽的事情。

◆ <u>你有被老天爺考驗過嗎？</u>

一次，我買了成人尿片去醫院，途中下大雨，在公路上的巴士飛奔而過，巴士把公路上的污水飛濺到走在行人路上的我身上，我那時戴了眼鏡及撐了雨傘。那一刻，污水似乎愛上了我，除了濺濕我半邊身，還穿過眼鏡片的側面飛濺入我的眼睛內。唉，這樣也能中，如果可以換成中六合彩頭獎就好了。我很平靜，沒有大聲罵巴士和司機，因為罵也沒有用，司機是無心的，而且他駕駛的巴士早已逃之夭夭，而我也已經沒有力氣去罵了。我也沒有抹掉眼睛的污水，一手撐雨傘，一手提著尿片包，我眨了幾下眼睛，用手背隨意撥了臉上的污水繼續行去醫院。我那時想：「大不了眼睛發炎，再處理它吧！」我認為這是老天爺在考驗我，那就考驗吧，我不會怕的，來吧！

◆ <u>媽媽的身體狀況</u>

到了醫院，我洗了手就幫媽媽清潔面部與口腔，為她按摩及說話給她聽。媽媽的情況是：不能言，不能動，不能吃，不會自己轉身，只能眨眼睛，鼻子插上了鼻胃管（指胃喉，從鼻孔置入，經過食道到胃裡的膠細管）輸送奶及水維持生命，還插上了尿喉排放小便，需要使用尿片，有壓瘡，沖涼需要兩個專業護理人員協助。媽媽曾經多次拔除鼻胃管，因此她的雙手曾經被綁繩或者被迫戴上手套。媽媽有聽覺、有清晰的思維，所以特別痛苦。

◆ 我撐不住了

曾經，我很疲累時，很想告訴媽媽：「我撐不住了，我已經很累了，我真的很累了。」但當我見到媽媽時，我一個字也沒有說，媽媽身心受的苦比我多很多，她連求死自我解脫也不被允許。香港的法例不允許病人非自然地離世，也沒有安樂死的法例。媽媽很痛苦，有口難言，天天受折磨與煎熬。她明淨的眼睛看著我，我立刻低頭走到床尾按摩她的腳，我不想媽媽見到疲倦的我，我更怕彼此眼神接觸後，我會忍不住流淚。

照顧肥爸爸的第四個月，我全身也很痛，晚上睡覺時，小腿、大腿、腰部、肩膀和頸項要貼上撒隆巴斯止痛貼。我的天啊，我只有 30 多歲，過度疲勞令我恍如變成一個體弱的老太婆，而且脾氣不好，兩年間我長了約 10 條白頭髮。

◆ 成年人的崩潰，你試過嗎？

到了第五個月和第七個月，我崩潰了。晚上我躺下來休息，抬一下右腿，移動或者轉身，我半邊的身體扯著痛，痛了兩個月，我告訴自己放鬆。我姐說：「你沒有叫你們公司的 Dr. Wong 幫忙處理痛楚嗎？」我答：「有啊，幫助好幾次了，處理完就放鬆了很多，但是我沒有休息，放工回家又要做清潔和家務。」之後不痛了嗎？不，只是痛到麻木了。

別人是星期日休息，我的星期日比平日更忙，煮三餐洗三餐，不是搞衛生，就是外出購買日用品。如果媽媽在醫院，我會陪肥爸爸去醫院探望媽媽。如果媽媽在老人院，我早上去探望媽媽，肥爸爸下午就去陪伴她。肥爸爸說：「人病了，親人多去探望和陪伴比較好，那樣就不會太悶。」

◆ 肥爸爸平實的愛

肥爸爸從來沒有說過愛媽媽,但是當媽媽病情惡化被送去醫院時,肥爸爸撥通老人院陪診姑娘的手機,並要求姑娘把手機放在媽媽的耳朵上,他對媽媽說:「唔使驚,無事嘅,你有我。」(不用怕,沒事的,你有我。)雖然媽媽不能表達,但是媽媽一定知道,這是肥爸爸對她的愛和關心。

◆ 因為懂得,所以包容

肥爸爸不注重衛生,容易把家居整污糟(弄髒),不過他很可愛,又令人疼愛,我們早已經接受他像「一隻污糟肥貓」的行為。我和姐姐認為他可以有傷風、感冒等小病,可以有老人的慢性疾病,但不能有急性的重病。如果肥爸爸病了,我和姐姐的頭頂會冒煙的,分身乏術。故此,那時候我沒有接納朋友建議申請機構送飯的安排。肥爸爸嘴刁,對飲食有要求,如果機構送的飯菜不合口味,他會吃一點點,以及會不高興。而且,老人體弱,吸收能力差,故此我堅持每天煮新鮮的食物給他吃,在水果、蔬菜、肉類、湯水和粥方面全部加強,務求令他吃得健康,吃得開心。

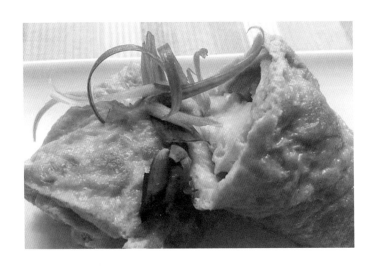

我的體會——生命影響生命

由媽媽患病，到照顧肥爸爸一段日子，我有以下七點體會：

一、對生命的抉擇。我、姐姐和姐夫一致同意，如果日後碰上像媽媽一樣的情況，預早告知家人不要搶救，實在太痛苦了，舒服地、有尊嚴地告別就好。當時醫生說：「救了麻煩，不搶救也麻煩。」緊急情況下，我們選擇了搶救。如果當時醫生坦白告知搶救後的詳情，我們也許會另作考慮。（請不要太快評論我這個觀點，當你真正面對事件，為當事人，或者是當事人的摯親，見證病患者需要長期照顧，你會有一番真切的感受。）

二、安樂死的思考。生命值得敬畏，希望香港政府及中國內地政策制定者，可以研究及探討安樂死合法化的可行性。安樂死並不代表不尊重生命，反而是為病患者帶來希望，誰不想生命有質量？存活有尊嚴？長期依靠醫療儀器勉強生存，這樣的生活幸福嗎？有意義嗎？這是人類的幸運嗎？如何為人民謀取幸福的生活？我們應該多方面、多角度好好思考。

推動安樂死合法化這條路可能會引起很多人的爭議，我能夠理解。可是，當看到患病的媽媽每天身心飽受病痛折磨，多次嘗試自行拔除喉管而被綁手，我們一家人看到也感到很難過，內心備受煎熬。後期，我們不忍心，希望媽媽能夠早點離去，不用再受人間苦。也許有些人沒有真切的感受，就難以有真正的體會。

著名作家瓊瑤女士的丈夫平鑫濤（皇冠集團創辦人）去世，她回憶每天看著癱瘓的丈夫大小便失禁很難過，希望替他選擇安樂死，此舉引起丈夫前妻及前妻兒女的反對。作為過來人，我能夠體會瓊瑤女士和她丈夫的痛苦，因此認同安樂死對垂危病患者，及對照顧病者的家人而言是好的選擇。安樂死源於希臘文，指幸福地死亡，是無痛苦死亡及無痛致死術。

媽媽沒能選擇安樂死，平鑫濤也沒能選擇安樂死，台灣主持人

傅達仁在瑞士能夠執行安樂死，離開前他跟家人開心道別。希望不久的將來，除了在瑞士、德國、荷蘭、比利時等國家允許安樂死合法化之外，還可以加上一個國家——中國。

三、未雨綢繆。父母會年老，會患病，預早儲備一筆錢，到時會用得著。我和姐姐出來工作已經商量一起供基金，每人每月拿出少量金錢「供款」，幸好我們有這個準備，也感謝老天爺的眷顧，媽媽出事時，這筆十年的基金剛好完成「供款」。我們立即有一筆錢給媽媽使用，我們不用問人借錢，也不用看別人的臉色，不用徬徨，心裡踏實。一般家庭（如我們），如果一下子取一筆錢是有困難的，平時長年累月一點點儲蓄，並作恰當的理財是相對容易儲蓄一筆錢。（注意：不管生活多麼困難，這筆錢不能隨意使用，只能留給父母年老患病支出。）

四、姐妹承擔。我十分感謝媽媽生了姐姐，在供養與照顧父母上，有姐姐與我一起分擔。媽媽出事，姐姐負責跑銀行，聯絡保險經紀及醫務社工。我負責聯絡及安排法律事務諮詢，以及照顧肥爸爸的起居飲食。我們輪流一起跑醫院，跑老人院。雖然有分工，大家也忙到頭暈眼花，有時事情忘記了做就互相提點，互相補位。如果家中只有一個兒子或者一個女兒，該怎麼辦呢？相信會很吃力，壓力也很大，會忙到抽筋，經濟實力雄厚的例外。

而且，家人患重病才真正體會到花錢如流水。媽媽入住老人院約半年，我們計算過，不能只依賴基金六位數字的儲備，長遠開支一定不足夠，而且很快會用完。於是，我們每月各自再拿一筆錢出來補貼，因為媽媽來回住醫院和老人院，兩邊也要付費，那時覺得生活有點拮据，每月賺的錢全部也是開支。肥爸爸行動不便，跟他外出都是坐的士去，坐的士回。有時候，錢真的不能節省，應用則用。幸好我們一家人不是大花筒，不然要哭了。

五、明白取捨。朋友說：「為什麼不請一個工人姐姐照顧你肥爸爸？你也不用那麼辛苦。」我答：「我就是那個工人姐姐，只是

沒有人工，工作比工人姐姐多一點，累一點。」你知道嗎？我媽媽住的是私家老人院，她喪失自理能力，需要專業護理人員全天候照顧。肥爸爸經常告訴親戚，說媽媽住的房間比五星級酒店還要貴。

有好友說：「為什麼不租一張床位給你媽媽，而選擇租一間房間呢？房間比床位貴啊！」我說：「我們知道，而且很明白。然而，我們希望媽媽住的環境好一點，老人院的環境要乾淨，沒有一陣味。環境不好的老人院，在外面有不少，費用相對便宜。但是，這樣的老人院，我們自己也不想去，豈能讓媽媽住這樣的地方？！一間房的空間相對大少少，可以放置私人物品，也方便肥爸爸和親友去探望，親人去探望媽媽時，可以坐在椅子上跟媽媽聊天。以及，選址在家附近，方便肥爸爸去探望媽媽。任何事情也有機會成本，媽媽住好一點，肥爸爸就交給我主力照顧，姐姐有時也會幫忙買餸。」

六、如何可以協助照顧者，減輕其壓力？由於有真實和深入實踐照顧者的角色，對於外來的支援其實沒有什麼要求。有來自親戚朋友及領導等的問候，有好友請吃飯作鼓勵，有物資及金錢的慰問等等，這些也令到我們一家人感到溫暖。然而，真正協助到照顧者的，以上所列都不能協助照顧者紓緩核心問題。長期照顧者（如我）的核心問題是什麼呢？我來告訴你：「是累，是身心極度疲勞。」

自從媽媽患病開始，我曾經盼望可以有一兩天休息，後來把期望值降低為一天休息。我想這一天不在家，什麼也不用做，讓自己在外面走走或者發呆也好。媽媽在老人院有專業護理人員照顧，我希望有人可以協助照顧肥爸爸一天，我提過一兩次這樣的要求，可是沒有得到回應，自此我閉口不說。其實，很多時候，自己的責任自己扛，遇事儘量不要依靠別人，別人也有自己的難處和考慮。只是，這樣不利於照顧者的精神健康發展。

七、你有過成年人的崩潰嗎？我有。除了工作，每天只圍繞：家－公司－老人院／醫院－街市／超市－藥房旋轉，生活想把我磨練成鐵人，可我卻不是鐵打的，有時是水做的。太疲累時，晚上躺下休

息就偷偷地流淚，有時會發肥爸爸脾氣。人老了，手腳可能不靈活，也可能是懶惰。早上煮好早午餐，我通常吃得很快。我叫肥爸爸慢慢吃，我說其他碗筷和用具已經洗了，你吃飽就洗你用的那些吧，我回公司上班了。於是，肥爸爸拿碗筷夾菜，如摩打手和食物攪拌機一樣快速吃，三兩下就把食物全部塞入口，並且吞下去。他推推面前的碗碟，對我說：「你洗，我吃完了。」我望著他，不知道想笑，還是想生氣。我收拾洗了他的餐具才回公司，很多時回公司見到平路就跑步，天天也匆匆忙忙。

◆ 我做了一次潑婦

原來我有潑婦的一面，太恐怖了。由出生至今，我做了一次潑婦，以後也不想做了。媽媽患病，內地親戚引婆和阿公很有心，專程坐直通巴士來香港探望爸媽，並且已經購買即日來回車票。事前我已經表示平日要上班，事假拿得太多，不好意思再拿。阿姨拍心口說她可以拿到假，那天不用上班，表示由她來照顧親戚。

可是，下午四點半左右，阿姨致電表示要回公司「替更」（代替同事做工），說公司致電給她缺人，要求她回去協助。另一方面，醫院晚上六點才允許探病，引婆和阿公七點半要上車回程，他們不熟悉香港，不知道如何去車站。阿姨急匆匆說一通，就叫我去醫院接替她，她要趕回公司。我心裡已經罵了阿姨，幸好老闆恩恤放我早走去處事。

我趕到醫院見到肥爸爸也在，有點驚訝，跟肥爸爸打了招呼，就立即向引婆和阿公查詢車票的上車地點。看完車票之後，我的天啊，那個車站我也不熟悉，跟以往上車的地點不同，大概範圍知道，詳細要到了附近再找。允許探病時，引婆、阿公跟媽媽打了招呼，向媽媽打氣和鼓勵之後，我們就去趕車了。

◆ 我罵了肥爸爸

我叫肥爸爸在醫院陪媽媽，我送完親戚上車後再回醫院接他。可是，肥爸爸恍如小孩子，說一定要跟上來，不要一個人留在醫院陪伴媽媽，結果三四條街的路程，因肥爸爸行動不便，我們走了大半個小時，他走得很辛苦。太近，的士可能不載客。我卻十分焦急，我很擔心引婆和阿公趕不上車，我同阿公行前去找車站，引婆陪肥爸爸慢慢行，肥爸爸一邊行一邊抱怨路遠，我忍不住罵他，說已經叫他留在醫院等，他不聽話一定要跟來。引婆和阿公要趕車，你跟上來就拖慢了進度，如果趕不到車怎麼辦呢？（家裡的條件不方便留宿，我付不起酒店房費嗎？不，我只是想把金錢儘量用在媽媽身上，不必要的支出，可免則免。）

◆ 我再次大罵肥爸爸

找到車站時，離開車只有 15 分鐘，多麼驚險啊！肥爸爸坐在車站的椅子上休息，我一肚子氣，「火遮眼」，我控制不了自己，在引婆、阿公和其他陌生人面前大聲罵肥爸爸，責怪肥爸爸，我把自己的擔心、積累的疲累嘩哩巴拉罵了一會兒。事後才發覺自己多麼丟臉，如潑婦罵街。

◆ 肥爸爸是宇宙忍耐最強的人

我肥爸爸就是好，他一句話也不說，坐在椅子上任我罵。他懂得「左耳進，右耳出」，而且把不好聽的話拋諸腦後。其實，我罵完肥爸爸之後，心情一點兒都不好，而且覺得很委屈。我明明不是這樣的人，我也不用做潑婦，可我卻偏偏破戒，做了一回切切實實的潑婦罵街，還罵了我可愛的肥爸爸。

◆ 追溯——誰導致我變成潑婦？

唉，誰導致我變成潑婦呢？我回家後告訴了姐姐事情的經過，她聽了後哈哈大笑，她真的很壞。幸好姐姐最後為我罵了阿姨幾句，我心裡才平衡一點兒。事後告訴阿姨此事，她也哈哈大笑，我當面批評了她。（雖然事後我知道這事件錯的是我，我應該控制好脾氣和情緒，不應該發肥爸爸脾氣，也不應該責怪阿姨，但是我當時真的做不到啊！凡事責己不容易，我還是很嫩，還有很大的空間修心。）

◆ 回報肥爸爸

回家前，我請肥爸爸去了一間高質素的越南餐廳吃飯，任肥爸爸點餐，還替他點了越南滴漏咖啡。見到整個咖啡器具，肥爸爸覺得很有趣，我為他拍了照片，肥爸爸的笑容很好看，笑得很燦爛，完全沒有被我罵過的感覺，姐姐也說肥爸爸那張照片拍得很好看。我們每人叫一份餐，還叫小吃一起分享，肥爸爸說我們叫的食物很好吃。你看，我的肥爸爸是不是很令人疼愛呢？

小結

以上所述的「生命影響生命」，是當你極度投入去體驗生活，不斷去突破自己的極限，才會對自己產生影響，從而對生命、對事情有深入的思考，希望我的經歷對你有一點點啟發。如果你什麼印象也沒有，那希望你記得這一點：預早為父母儲備一筆錢，作為他們年老患病的支出，因為這是你作為子女的責任。

總結

感謝你看到這裡，這篇文章很長，希望你有一點點收獲。《突然間懂了——成長的五個關鍵》是我在體驗生活中認識自己，也在生活中突然間明白了很多事情，以及對這些事情嘗試深入思考的文章。明白真理、認識自己和了解自己是要透過體驗生活、認真生活與靜心思考，才能總結自己的優點、缺點，找出自己的過失及發掘自己的潛能。

人會突然間懂了是因為有親身的經歷，或者看到別人的經歷有所感悟。人生五件重要事情包括：借錢、努力、交友、死亡和生命影響生命。這些事情與我們的生活息息相關，日常會容易面對，值得我們好好去思考，好好去體會。當被欺騙多了，受委屈多了，對事情與人性的認識加深，在生活各方面體會多了，一切就容易了然於胸，待人處事就容易平和。了解事情的本質，面對生活的種種磨難或逆境，就相對容易淡然與處變不驚。對於這個觀點，你有什麼看法呢？

注釋：

1.　我用了不足兩年就償還了向香港政府借來讀書的全部高息貸款。（雖然我被不止一個做保險的朋友說我笨，他們建議我延長還款期，那會有更多金錢作其他投資用途。但我堅持自己的想法，我不要有拖欠別人的感覺。如果對方不是香港政府，是朋友呢？別人急你所急，解你燃眉之急，你也應該盡快予以回應，這才能建立互信。而且，世事多變，盡快處理完事件，之後就可自由支配自己的金錢了。）

　　我一邊還貸款，一邊給家用和供保險，那時候我很節儉，一個港幣 2.5 元的麵包也捨不得買來吃，肚子非常餓，不斷在打鼓也堅決不買。放工回家後，我狼吞虎嚥地吃了三碗白飯，妹妹說我好像從牢獄放出來，餓了很久的人一樣，姐姐說好心我買個麵包吃，我答不買。

2.　我讀完書出來工作就立即償還香港政府的高息貸款（我借了港幣 60,000 元，香港政府後來再批港幣 20,000 元給我做生活費，我沒有接受，如果接受了，我之後就要還港幣 80,000 元。），還了兩個月高息和本金，媽媽心痛我支付高息（那時候的市場利率是：6 厘息），說她先替我償還，我再還給她，我說好。肥爸爸說不用還給媽媽了，我答不。我知道媽媽賺錢很辛苦，我堅持每月還款給媽媽，合共 22 個月就把媽媽替我還給香港政府的錢還清，我還額外給媽媽港幣 3,000 元利息。我覺得借銀行的錢要給利息，我也要給媽媽利息。媽媽收到利息時很高興，我告訴她，說她賺了，我給她的利息比她放在銀行獲得的利息多，她聽了哈哈大笑。

3.　肥爸爸會在家自己玩手指，會用藥油大力搓手指，以及又提又拔手指，令到手指紅腫，他還會外出偷偷購買自己不能吃的食物，吃完腳腫。然後，肥爸爸告訴我，要去看醫生，他說政府派發的醫療券沒有用過，很浪費，所以要用，令我生氣的扎扎跳。我用心照顧他，希望他健康，他卻心心念著如何使用政府的醫療券。後來我釋然了，知道他不想浪費醫療券，見到他有少少不舒服，就叫他去看醫生，他就會眉開眼笑。

CHAPTER 6

學會感恩，讓自己走上康莊大道

引言

你希望透過學會感恩，讓自己走的路越來越寬闊嗎？

你了解感恩嗎？你聽過知恩嗎？

人，為什麼要感恩呢？懂得感恩，對自己有什麼好處？

如何感恩？感恩與東江水有什麼關係？

如果你對感恩的了解不多，這篇文章適合你去細閱，

懂得感恩，真的有很多好處。

以下逐一與你探討：

什麼
是感恩？

1

感謝造物主

感恩的定義是什麼呢？記得，姐姐的女兒小時候在吃飯前，會閉上眼睛，雙手交叉合攏，然後認真地說：「感謝天父賜予我食物，阿們！」講完才張開眼睛吃飯。我問了她，她表示是學校老師教的。這是感恩嗎？是的，這是姐姐的女兒向造物主賜予食物表示感謝！

感恩的定義及重點

感恩的英文是：Grateful，表示有人幫了你，你真心感謝他。感恩的拼音為：gǎn ēn，根據漢詞詞典，感恩是指：對別人所給予的恩惠表示感激。感恩的重點在於回報或回饋，是以行動表達謝意。你聽過「烏鴉有反哺之意」嗎？烏鴉長大後不會離開父母，會「贍養」父母，是為「烏鴉反哺」。這句話說明烏鴉也知道孝順父母，長大會回饋父母，人更應該這樣做，不然連烏鴉也不如。

感恩是處世哲學

感恩是一種處世哲學，人的一生難免有高低起伏，學會用摯誠的心對幫助你的親友或陌生人表示感謝或報答，有助避免自己的私欲膨脹。另外，感恩會讓你獲得更多滿足及快樂，從而更積極樂觀地生活。

下文將與你一起探討：知恩，為什麼要感恩，如何感恩，以及探討：「東江水 —— 為什麼說香港人要懂得飲水思源？」。

你了解知恩嗎？

你可能一看到「知恩」這兩個字，就會想到一個四字成語，是什麼呢？是「知恩圖報」，指感激他人對自己所施的恩惠，並且設法報答。我想說：「停一停，想一想，思想不要跳躍得太快。」為什麼我會這樣說？君不見社會上不是人人懂得感恩，有一些人，你幫助了他，他覺得你的付出是應該的。還有一些人，你在小事上幫了他，他懂得感激。但你幫了他大忙，他卻忘記了感激，只記掛索取，求之不得就會產生埋怨，甚至結怨結仇，這就產生了所謂的「升米恩，鬥米仇」。

又如做熟人生意，你給他很大優惠，你對陌生人也不會提供如此大的優惠，但熟人仍然覺得你收取他的費用貴。那是因為熟人「恃熟賣熟」，突然忘記了別人有經營成本，又突然忘記了要付費才能獲得產品和服務。這反映熟人有貪小便宜的心態，不知恩。那麼，你知道什麼是知恩嗎？

什麼是知恩？

「知」是指知道，明白。「恩」是指恩惠、好處、情義。其中，恩有「心」字底，故知恩可以理解為：用心去感受別人給你的恩惠或者好處。換句話說，別人因為與你的情義或者友誼，特別給你恩惠或者好處，你要知道和肯定別人對你的用心與關愛。

不知恩源於心理障礙

可是一般人腦子沒有入水，怎麼會不「知恩」呢？從心理學的角度，也許是接受者有病，為心理病。有些人接受恩惠會有壓力，會產生內疚感，接受恩惠越多，越容易產生壓力，會覺得自己無能，而且不想讓人知道他受到別人的幫助，因而產生對抗心態。這表現為施恩者如果不能及時提供協助時，接受者就會產生不滿及埋怨，甚至產生仇恨。接受者產生這種對抗心態會減低對施予者的內疚感，這是一種自卑的心理狀態，也是消極、逃避的做法。那麼該如何去扭轉這種歪曲的心態呢？請看下一段解說：

不知恩的解決方法

對於施恩者，可以觀察接受者的行為，如接受者的品格出現問題，就要停止對接受者的施恩，自己可以及時止損，同時亦給予接受者一個教訓。另外，施恩者要適度給予恩惠，施恩時要考慮自己的能力，自己的情況不允許時，就不要硬著頭皮幹下去，以免養肥了「白眼狼」，自己卻受委屈。還有，施恩者不要期望接受者會回報，沒有期望，就不會有失望；沒有失望，就不會影響自己正面樂觀的陽光心境。

對於接受者，首先要盡快回報施恩者的恩情，減少虧欠及內疚的情緒。例如：你的參賽作品需要別人按讚支持，那你記下按讚人的名字，別人日後需要按讚時，你盡快給予回讚。可是，有些回報不能一時三刻做到，那就記在心底，日後有機會再報答恩情。只要一息尚存，就有回報施恩者恩情的機會。其次，接受者要「較真」，尤其對於金錢的事情，譬如別人在你困難時，協助你解決金錢上的困難，你日後要記得償還，要麼還錢，要麼還恩情，不要佔他人便宜。謹記，別人協助你不是必然，學習有來有往方能長久。

　　最後，有些人的腦子比較混沌，真的不懂得什麼是知恩，那就自求多福！也許遇到有緣人，他才會明白什麼是知恩。

　　當一個人知恩，用心感受施恩者給予的恩惠時，他的內心才能產生感激之情，記著恩情，日後作出回報。回報就是感謝，有實際行動表現，以下文章與你探討感恩。

3

為什麼要感恩？

你記得上文提起的知恩嗎？一個人是不是知道別人對他的恩情，知道別人幫助他，他就會作出回報？非也，源於他尚未與感恩進行深度連結。別人協助你的原因是什麼呢？是你不行，是你不足夠強大到一個人完成任務，是你需要支援，是你需要別人的協助……那麼，是否你不行，別人就奉旨要協助你？不是的，別人協助你也許是惻隱之心，也許被你的言行感動，也許只是想成就你，也許純粹是血緣關係等等。當你與感恩進一步連結，你就知道感恩的重要性，就會明白和實踐感恩。我思考了三個感恩的原因，以下與你分享：

明白父母的不容易

常言道：「養兒方知父母恩」。沒有成家立室，沒有孩子的你明白這句話嗎？最初，我不理解這句話的含義，而且我對媽媽產生誤解。我有時候放假在家，見到媽媽下午就睡覺休息一到兩小時，我以為媽媽在家很輕鬆，沒有太多家務要做。

＊ 照顧肥爸爸才明白「養兒方知父母恩」＊

近兩年，我接手照顧 80 多歲的肥爸爸，才發覺肥爸爸被媽媽照顧得太好了，肥爸爸如小孩子，我訓練肥爸爸獨立，教他燒水飲用，派發任務給他：叫他自己洗澡，每天拿一袋垃圾到門外的大

垃圾桶丟掉。他主動加自己一個任務，就是每天負責向祖先上香。其他的任務如：買餸、煮飯、洗碗、清潔家居、洗衣服等等由我負責。另外，我要提醒他喝水和做運動，我提醒，他才做，我不提醒，他就不主動喝水和懶得動。

而且，肥爸爸會偷偷地外出購買及吃自己不能吃的食物，引致咽喉腫痛、咳嗽或便秘等，我就「熬湯水」協助他處理問題。那時候，我才知道身為家庭主婦的媽媽專職照顧肥爸爸，為家庭操心是很累的。而我要上班，每天也忙到頭暈，有時間就很想睡覺休息。當年媽媽下午睡覺是因為她疲累了，睡覺可以補充不足夠的精力及體力。我錯了，我太遲才覺醒。

只有親身經歷方方面面照顧家人，或者做了母親後一手一腳照顧孩子，才知道有很多瑣碎的家庭事務要做，每天忙碌如「倒瀉籮蟹」，真的很累，但卻甘願為愛你或你愛的家人付出。真正能夠體會「養兒方知父母恩」，就表示你對父母的感謝及敬佩，明白父母對你的養育之恩，操持家務的辛勞，及外出努力工作賺錢養家的辛苦。因此，一般人在母親節和父親節過得特別有儀式感，這兩天特別懂得孝敬父母。可是，一年 365 天，父母不是只有這兩天才值得被記掛及關心，而是天天也要感謝父母的辛勞付出，天天也要關心父母，不在父母身邊的子女，也應該經常致電問候父母。

✳ 明白自己對父母的虧欠 ✳

人，一生虧欠父母的恩情太多了。母親懷胎十月經歷擔心及害怕，害怕你在她的肚子中營養不足夠，因而額外補充對你生長有幫助的食物，不介意外表的肥胖；有些母親在懷孕期間需要禁吃某些平常很喜歡吃的食物，這對吃貨的母親是一種犧牲；母親懷孕期間害怕發生意外，平時特別小心謹慎，刻意換上平底鞋，這對愛穿高跟鞋的母親是一種犧牲；當母親平安把你生下來，你半夜發燒、感冒，

晚上哭鬧不睡覺……父母帶你去醫院看病，哄你入睡；你上幼兒園、小學、中學、大學等，你父母對你無微不至的關懷和照顧，以及為你的各種支出（例如：飲食，看病，玩樂，購買校服，供你讀書，購買練習本，交學費，報讀興趣班，送你禮物，給你手機，帶你去旅行等等）努力賺取報酬；有的父母捨不得自己花費，卻對你出手大方，儘量滿足你的需求。

當你出來工作、創業、成家等等，你父母在背後默默支持你，給予你創業資本，甚至留下財產給你。你撫心自問，你算一算，你一生花了父母多少金錢？你又對父母回報過什麼？有買禮物給父母嗎？出來工作後有給父母家用嗎？父母生病，你有給錢父母看病，有陪伴父母去看醫生嗎？平日有跟父母聊天嗎？……

你想一想，當父母容易嗎？父母生你，養你，育你，用心照顧你，陪伴你，為你出心、出錢、出力，為你各種擔憂，因你而產生敬畏及畏懼。你長大了，父母日漸衰老，為你付出最青春、最美麗的時光，如果你長大後也不明白父母對你的愛與恩情，你慚愧嗎？如果你不曾回報父母，沒有請父母喝一餐茶，沒有請父母吃過一餐飯，沒有贈送一份禮物給父母等等，你內疚嗎？

✳ 懂得才會感恩 ✳

父母懂你在學習上、工作上、創業上等等的不容易，故包容你的脾氣及怒氣，你也要學會懂得父母生你養育你的種種不容易。只有懂得，才會包容；只有懂得父母的不容易，才會感恩，才會報答父母的大恩。最後，還是要說一句，引自漢朝韓嬰《韓詩外傳》卷九：「樹欲靜而風不止，子欲養而親不待也。」如你的父母仍然健在，請你及時盡孝，償還父母對你的恩情，不要等父母亡故後才感到後悔。

越感恩・越多福報

你聽過：「愛出者愛返，福往者福來」這句話嗎？這句話出自西漢初年的政論家、文學家——賈誼寫的著作《新書》。你理解它的意思嗎？我理解為：先付出，後回報，是一種利他思維。你不信嗎？可以看看以下的例子：

✴ 農民救貴族公子的故事 ✴

100多年前，英國一個貧困的農民救了落水的貴族公子，貴族公子的老父親登門送厚禮答謝農民，農民拒絕厚禮，表示救人只是憑良心，於是貴族公子的老父親提出資助農民的兒子去接受高等教育，讓孩子接受良好的教育是農民的夢想，故此農民接受這份饋贈。

後來農民的兒子在倫敦瑪麗醫學院畢業，品學兼優，並發明了青黴素。而貴族公子也長大了，在第二次世界大戰期間患上嚴重的肺炎，依靠青黴素康復。那位貴族公子就是英國前首相、政治家、歷史學家、演說家、畫家、作家、記者溫斯頓・倫納德・斯賓塞・邱吉爾爵士（Sir Winston Leonard Spencer Churchill），而農民的兒子是英國細菌學家、生物化學家、微生物學家亞歷山大・弗萊明（Alexander Fleming）。

由此可見，農民與貴族公子的父親播下善良的種子，不僅令後代獲得福報，還間接協助政界及醫學界培養了出色的人物，造福社會，造福人民。[1]

✴ 感恩循環效益 ✴

福報不一定立即有，也不一定報在自己身上，報在後代身上也是一種賜福保佑。沒有誰的生命一帆風順，當見到別人有困難，如

果你有能力，請伸出援手，即使是舉手之勞也不要因善小而不為。因為你不知道下一刻的暴風雨什麼時候來臨，自己是否有抵抗能力，如果自己不能抵抗生活的暴風雨，就需要別人的協助。學會感恩，最終受益的是自己或者後代。

所以，當別人對你「雪中送炭」，你要記著別人的恩情及予以回報，如果有能力就向更多有需要的人士或慈善機構提供協助。懂得付出，懂得佈施，懂得利他的人，會比較容易獲得幸運之神的眷顧，你想獲得更多的賜福保佑嗎？

為了完善自己

每個人也有優點和缺點，當找到自己的優點和缺點，就可以作出檢討，強化優點，改善缺點或不良習慣。人，如果不能正視自己的缺點，不檢討與改進自己的缺點，他走的路會有較多曲折。

✻ 曼德拉的故事 ✻

你聽過曼德拉這個人嗎？他是南非的前總統，全名為：納爾遜‧羅利赫拉赫拉‧曼德拉（Nelson Rolihlahla Mandela），下文簡稱他為曼德拉，成為總統之前，他曾經因領導反對白人種族隔離政策而坐牢 27 年。在總統就職典禮上，曼德拉邀請以前在看守所的三位獄方人員到場，並向他們致敬。這不尋常的舉動震驚大家，一般人希望掩蓋不光彩的經歷，但是曼德拉卻把它暴露於公眾面前，為什麼他會這樣做呢？

曼德拉表示走出監獄，若不能把悲痛與怨恨忘記，就是仍然在獄中。而且，曼德拉表示他年輕時性子很急，脾氣暴躁，因此感謝牢獄生活，讓他學會控制情緒，讓他學習如何處理自己在苦難中的痛苦。這反映曼德拉正視自己的缺點，從而去改善，以及懂得寬容及感恩。

曼德拉不是一位頭腦發熱及衝動的人，相反，他是一個革命家、政治家、慈善家及律師，擁有很高的知識水平。曼德拉熱愛學習，在教會學校上學時，他學習英語、科薩語、歷史及地理。在大學，他擁有文學學士學位，修讀了英語、人類學、政治、地方行政管理，以及羅馬荷蘭法律課程。另外，他獲得律師資格，在律師事務所做見習。在牢獄裡，他再次攻讀法律學士學位（LLB），以及研究伊斯蘭教，學習阿非利加語，以及大量閱讀。除此之外，曼德拉相信共產主義，受蘇聯政治家約瑟夫・維薩里奧諾維奇・史達林、毛澤東等人的理論影響，從毛澤東寫的遊擊戰中汲取經驗。

曼德拉於 1990 年被釋放，76 歲成為南非總統（1994-1999），他一生奉獻，任內致力廢除種族隔離制度，實現種族和解及消除貧困不公等。退休後，他致力為農村發展，學校建設及防止愛滋病作出貢獻……2004 年，他說服讓南非主辦 2010 年世界盃足球賽。他在 40 年間獲得超過 100 項獎項，較顯著的是諾貝爾和平獎（1993）、列寧勳章……1992 年，他被北京大學授予名譽法學博士學位。曼德拉被人民尊稱為「南非國父」、「最偉大的南非人」。

＊ 《光輝歲月》是寫給曼德拉的 ＊

香港搖滾樂音樂家、歌手、歌詞作家 —— 黃家駒在 1990 年創作了一首歌，叫《光輝歲月》，這首歌是家駒向曼德拉致敬，歌頌曼德拉偉大的一生，並表達他對種族歧視的厭惡與憎恨。曼德拉聽了這首歌，找人翻譯歌詞內容的含義，明白後他潸然淚下。我以前也喜歡聽《光輝歲月》，但我不知道這首歌是講述曼德拉一生的掙扎經歷，當我了解曼德拉的經歷，再細品歌詞，我邊聽邊唱，眼泛淚光。

世上能做到的人肯定不多，但是他 —— 曼德拉做到了，因此令世人敬佩及尊重！

✳ 學習曼德拉熱愛學習的優點 ✳

　　抱歉，我用了不少篇幅去講黑人領袖曼德拉的故事，是希望你能夠從他的經歷中去學習。如果你有偉大的志向，你可以考慮向曼德拉借鑑——熱愛學習及改善缺點，做一些對廣大人民有利的事情。無論身在何處，都要堅持學習，熱愛學習，並找出自己的不足去改進它。以及，感謝生活的磨難及痛苦，這些有助修煉自己、完善自己，你的付出一定不會白費，終有一天將成就更好的自己。

✳ 完善自己的最終目的是什麼？ ✳

　　最後，「為了完善自己」在感恩中有很大的意義，完善自己的最終目的是：此生不悔！正如有人問曼德拉，他希望世人如何紀念他，他答：「我希望我的墓碑上能寫上這樣的一句話：『埋葬在這裡的是已經盡了自己職責的人』。除此之外，我別無他求。」你希望日後離開人間時後悔嗎？

　　只有學會感恩，才會抓緊機會學習及完善自己。

4 如何感恩？

關於如何感恩，我覺得分兩方面去探討比較恰當，一從教育角度，二從感恩對象的角度去探討，以下作出闡釋：

感恩教育

為什麼要說感恩教育呢？因為不是人人懂得感恩，有些人覺得別人對他好是應該的，而且有些人自私，為人處事只想到自己的利益，不考慮別人的利益及感受，如果很多人也有這樣的行為，社會就出大問題了。教育是讓人學習及明智，修正及改善自己的不足。

感恩教育是指教育者運用一定的教育方法和手段，通過感恩教育的內容，對接受教育者實施知恩、感恩、報恩和施恩的一種教育。

那具體如何做呢？究竟誰來擔任感恩教育者？你有感恩教育者的人選嗎？我的想法是：這三個角色比較適合擔任感恩教育者，分別是：父母、學校的老師及公司（組織）的老闆或管理層。以下逐一解說：

✳ 感恩教育者——父母的角色 ✳

為什麼把父母放在感恩教育者的首位呢？因為孩子接觸最多的是父母（或者撫養孩子長大的婆婆、嫲嫲等人），大部分父母陪伴孩子成長，父母是孩子模仿的對象，孩子品格的形成（如：語言、態度、行動、為人處事等）及價值觀的確立，很大程度建基於父母。因此，由父母或撫養

孩子的人擔任孩子的感恩教育者是很適合的。那麼,父母應該如何教育孩子呢?

父母教育孩子最好的方法是什麼?

父母教育孩子最好的方法是以身作則。父母先作良好的榜樣,不能說一套做一套。與你分享一個反面的例子:父母教孩子亮綠燈後才過馬路,注意路上安全,而自己則在亮紅燈時就衝過馬路。父母忘記了孩子除了用耳朵聽話之外,還用純真的目光在觀察你的行為。父母在孩子面前做錯一次,孩子就會質疑,甚至反駁父母說:「你也不遵守交通規則,憑什麼責怪我?」因此,行動比說話有效,嘴笨不要緊,行動對就可以了。

生活情景教育

除了以身作則之外,父母可以在日常生活場景中教導孩子感恩。譬如:見到丈夫放工回家很疲累,媽媽可以叫孩子為爸爸倒杯水,並向孩子解釋,爸爸工作辛苦,叫孩子親手為爸爸按摩一會兒。這讓孩子知道爸爸工作賺錢養家很辛苦,倒水及按摩是對爸爸的關心及愛護。爸爸要記得向孩子表示感謝,這會令孩子快樂,孩子也願意下次再關心爸爸,過程中促進親子互動,增進彼此的感情。

節日是教育的好橋樑

然後,父母可借特別的節日及值得紀念的日子,如父親節、母親節、父母的生日、教師節、中秋節、春節等等的節日,向孩子說說其來歷及意義,再引導孩子作出感恩的行為。例如:鼓勵孩子親手製作節日卡或者小禮物,送上一個親吻,說出溫馨的祝福語等等送給相關人士。

如何教育孩子以禮待人？

還有，父母教育孩子以禮待人，學習尊重及感謝別人。例如：平日見到熟悉的鄰居或者親人，父母要主動向人打招呼，也叫孩子向人打招呼，向人說：「早晨」、「你好」。對於別人的幫助（如別人協助按電梯或讓座），要孩子講：「謝謝」、「多謝」。孩子給人讓座，別人道謝，父母要教孩子講：「不用客氣」。不要小看這些小事情，孩子形成良好品格就是由日常的生活小事情培養的。

訓練孩子做家務的好處是什麼？

另外，父母可以在孩子幾歲時就訓練他做家務，讓孩子明白做家務要出力及會出汗。媽媽平時做家務很辛苦，孩子是家庭的一份子，一起參與及分擔家務可以減輕媽媽的辛勞。好處是讓孩子親自參與，從而建立對家庭的歸屬感，學習承擔，學習對日常做家務的媽媽（或爸爸、或工人姐姐等）去感恩。

如何教導孩子孝敬長輩？

最後，父母要教育孩子孝敬家中的長輩。例如：父母在孩子面前給予爺爺嫲嫲或公公婆婆金錢買吃的，在孩子面前送禮物給家中長輩。孩子可能不懂得，父母可以解釋其意義，讓孩子明白孝敬長輩不能口頭說說，而是要以金錢或禮物去表達對長輩的心意，長輩才能感受這份關心與甜蜜。這不是市儈，而是愛及孝敬要以實際行動去表達出來，你同意嗎？

✳ 感恩教育者──老師的角色 ✳

老師的角色為：傳道、授業、解惑。除了教育學生書本上的知識之外，還擔當教導學生如何做人，培養學生建立良好品格。小學

時，我上過品德教育課，老師在每節課講完一個德育的故事後，就會佈置作業，學生可以寫一兩段感受，如果沒有想法，那就把德育故事的文章抄寫一次。現在，好像很少聽到有學校專門設立思想品德科目。

對於培養學生形成良好品格，教育部門可以研究是否有需要設立品德課程。畢竟為社會作育英才，教育部、學校及老師也有責任。如果學校足夠重視，如果老師有正確的價值觀，用心教導學子，有助培養其成為國家人才、社會棟樑。

老師可以如何做呢？

老師可以透過生活中的事例，引導學生去了解知恩、感恩和如何施恩。例如：在施恩方面，可以引用社會事例，我看過這樣的社會事例——父親默默協助孩子，在街頭賣藝三年，為 21 歲的女兒籌集學費，但女兒不知道這件事情。父親沒有在女兒面前呈現及作出教育，這是父愛的表現，但是女兒無法感受到父親對他的愛，見不到以為一切美好，日後未必懂得回報父親的恩情。

外公熱心助人的事跡

人，有真切的感受，才有真誠的感恩。就如外公離世的守夜及出殯日，村子裡有很多人來慰問，有近 100 人送外公上山下葬及出席解慰酒。外公在鄉下生活，不是大富大貴之人，有這麼多人來送別外公，實屬難得。

外婆說外公生前做了很多好事，五條村子的人也認識他。以前人們窮困，死了沒有錢聘請人抬棺上山埋葬，外公知道後主動去協助抬棺材，也義務抬了幾次棺材。而且，外公知道別人生病一直不好，了解情況後，知道某醫生對那種病有研究，他邀請醫生，並親自帶醫生去患者家治病。外公熱心，善於與人交流，但凡知道別人

有困難，他就儘量想辦法提供協助，而且從來不要求回報，也不曾向家人、子女、孫兒談論這些好事情。幸好外婆最後提及，我和姐姐能夠被外公外婆撫養長大，真的很幸運。

奧運金牌得主諶利軍的故事

2020 年東京奧運金牌舉重得主諶利軍出身貧苦之家，他知道家裡窮困，也知道媽媽辛苦養家，他一度偷偷離開體育學校，回家想協助媽媽，減輕媽媽的重擔。後來，他被勸回體校，發奮練習，他知道在奧運會取得冠軍，出人頭地才可以改善家裡的貧窮情況。因此他平日特別刻苦訓練，克服種種困難，最終在 2020 年東京奧運會舉重項目上奪冠，成功幫助媽媽減輕家裡的經濟重擔。

由此可見，人要深入參與，理解事情，才容易被打動，從而發生積極的改變。教育部門或者學校老師可以收集身邊的好人好事，社會上施恩及報恩的事例，奧運獎牌得主和社會上傑出人物感恩的真實故事，並帶領學生出席社會上的好人好事活動頒獎禮，與學生討論及分析，透過感恩事例動之以情，訴之以理，從而激發學生尊敬行善及報恩之人，並把感恩潛移默化在心中，繼而學習感恩及報恩。

✻ 感恩教育者──公司老闆 ✻

為什麼說公司老闆（或領導、或管理層）適合擔任感恩的教育者？

因為大部分人讀完小學、中學，或大學之後就走進社會工作，每人每天約有三分之一的時間在工作，工作環境、公司的制度及文化對員工有一定的影響。如果公司的老闆（或組織的領導）重視員工的品格，除了培訓員工技能之外，還推動感恩教育、孝道和學習

傳統文化，這些看似多餘，乍看似乎與工作不相關。其實不然，如果員工懂得感恩，公司的人際關係會更和諧；在工作上有問題，大家會互相提點解決，有助推行工作順利進行及達成目標。員工互相學習、互相改善和提升，能夠一起變得更好。

公司老闆推動員工學習傳統文化有什麼好處？

公司老闆推動員工學習仁、義、禮、智、信、誠等傳統文化，員工就會有意識地成為有愛、有仁心的人，公司製造出來的產品或提供的服務就會有質素，產品有信譽，不做假，生產的產品會考慮安全使用等等，這樣的產品，用戶才可放心使用，企業才能有更長遠的發展。

玻璃製造商盧秀強的故事

正如中國最大的光伏鍍膜玻璃製造商之一的硬漢盧秀強，他多次經歷瀕臨破產的危機，曾經靠賣血重拾玻璃夢，為了對客戶生產優質產品的承諾，他含淚把價值 100 萬元的玻璃產品砸碎，因而贏得市場，贏得客戶的尊重及認同。盧秀強在公司發展強大時推動善德文化，並與員工一起學習中國傳統文化，推廣「孝」及「行」。

為什麼盧秀強會推廣善德文化呢？

這源於他在一次抽獎活動中，見到一名女工因為抽不到她喜歡的獎品，而跑上領獎台搶了禮品就跑，後來工作人員追回獎品。稍後，這名女工又在抽獎場上與其他員工談笑，對於自己搶獎品的行為處之泰然，沒有羞恥之心。盧秀強因而深思，他認為除了發工資給員工，為員工提供職能培訓之外，還應該承擔教育員工如何做人，

如何做一個孝順父母，對公司忠誠，對社會有愛心的人，因為只有這樣，公司才可以健康地發展。

是否每間公司也有類似這名女工的人呢？我相信不是的，大部分員工也有良好的品格。是否大部分老闆見到員工不合理的現象都會深入思考，甚至調整公司的文化呢？這應該也不是的。如果你想把公司變得強大，盧秀強的做法值得你參考。我看了盧秀強的創業經歷後，了解到他是一個很頑強、有毅力的人，令人非常感動。

關於上述女工搶獎品的事例，你認為女工為什麼有那樣的行為表現呢？也許這名女工沒有在家庭和學校學習好傳統文化。那麼，公司（或組織）就是一道把關，讓員工學習完善及改進自己的平台，公司協助員工自我改善也是一種社會企業責任。

公司或企業如何向員工推廣傳統文化呢？

也許可以根據公司的發展而安排學習傳統文化的形式，譬如：透過觀看傳統文化電影，然後一起討論；誦讀儒家經典，再一起交流感受；透過日常生活或社會發生的孝道、感恩事件進行討論，甚至寫下心得體會；如資源允許，可發動員工寫下感恩的文章，結集成書……也可以參考盧秀強的方法，誦讀和解釋《弟子規》，讓員工寫下學習心得，舉辦文化節，表揚孝子，讓管理層回家給父母洗腳等等。老闆或管理層可以探討學習傳統文化的方式，一邊實踐一邊改進，目的是希望員工能夠成為更好的人，公司有更好的發展前景。

小結

綜上所述,以上三個感恩教育只是拋磚引玉,每個家庭的教育方式不同,每間學校也有其教學方針,每間公司或企業也有其員工管理的方式和企業文化,在各自擅長的領域作出思考及調整,才是最恰當的做法。

感恩對象

感恩要有對象,這些對象與你有密切關係,他們分別是:父母、老闆(或領導)、國家、親人、敵人、競爭者和大自然。他們的存在,使你變得更好,以下我選前三者來說明:

✳ 如何感恩父母？ ✳

如果你看了前文，就會明白自己對父母的虧欠有多少，從而欣喜報答父母的恩情。有很多種答謝父母的方法，例如：耐心聆聽父母的話，協助父母做家務，與父母多溝通及聯絡，買好吃、好用的給父母，多與父母一起吃飯，讓父母居住在舒適的環境，帶父母去旅行……在此，我只想探討一個話題——給父母家用。

給父母家用

你出來工作之後，有自覺地給父母家用嗎？父母有要求你上繳家用嗎？我為什麼想談這個話題？源於不忍心，原來不是人人給父母家用。有人出來工作多年，有賺錢的能力，仍然吃父母的，住父母的，家裡一切開支皆由父母承擔，自己卻按住荷包不動，結果有些父母的荷包快「乾硬化」了，養老的資本越來越少。

第一類父母的做法

是否父母不要求你上繳家用，你就心安理得繼續享用父母的金錢呢？大部分中國的父母退休後會有退休金或者積蓄，可是這些金錢用少見少。如果你現在安心享用父母的金錢，日後你願意承擔父母年老生病的開支嗎？父母不主動開口問你索取家用，可能不是不想要你的家用，而是開不了口。因為他們在等，等什麼呢？等你懂事了，明白父母的不容易，然後自覺地給予家用。如果是這種情況，希望你能夠盡快覺醒，不要讓父母一顆心等到冷卻了，也等不到你的家用。

第二類父母的做法

這類父母直接要求子女每月上繳家用，給家用的方式可以直接給現金，或者支票，或者入賬到指定銀行戶口，或者使用手機轉賬（如：轉數快（FPS）），也是很方便的，這種做法簡單直接，也是可取的。家用的金額可由父母設定，或者你根據自己的能力給父母。

如果你的生活真的有困難，也可以考慮逢年過節買吃的，買禮物，或者給少量金錢父母，畢竟回報父母的恩情不能只說一聲：「我愛你，謝謝爸媽。」送禮物或者給錢才能表達你的誠意，你的父母才知道你長大了，懂得如何關心人，父母的心才感到安慰，才感到甜蜜，沒有白養你。你也不想聽到父母說一句：「生嚿叉燒好過生你（生一塊叉燒比生你好）。」

第三類父母的做法

有些父母認為子女可以處理好自己的生活，不用父母操心，不用給予金錢資助子女已經感恩了。的確，社會上存在這樣的現象，年邁的父母資助天天呆在家裡不去工作的子女，或者子女的工資不高，

養活自己也成問題，父母體諒就不要子女的家用。作為子女，還是要努力工作，多少回報父母的恩情。因為父母是你的根，根不在，你就枯萎了嗎？有一天，你也要學習獨立和自立，而且你給父母家用，你的子女會看在眼內，耳濡目染之下，日後長大出來工作賺錢也會給你家用，這是良好的家風傳承，你會為了下一代做個良好榜樣嗎？

父母怎麼教育子女給家用？

最好的方法是子女在小孩子的時候，你在子女面前給自己的父母家用，以及教導子女長大也要給父母家用。子女吃的、用的、住的也是父母給予的，作為家庭的一分子，你長大後給父母家用也是合情、合理的。

富翁要子女的家用嗎？

最後，如果你是富翁，你會要子女給你的家用嗎？如果你的子女有這份孝心，證明你雖富貴，但也用心教育子女擁有良好的品格，因此我建議你接納子女給你的家用。接納子女給的家用不是因為你擁有很多財富而不需要，而是你要讓子女有機會償還你的養育之恩，讓子女有機會對你盡孝道。

如果你真的不需要這些金錢，你可以以自己或者子女的名義捐助有需要的慈善機構，多行善積德也是好事。而且，人有旦夕禍福，子女給你的家用，你可以替他存下來，日後如有萬一，也可有資本東山再起。

以上嘮嘮叨叨，希望對你有參考作用。下面，我將與你探討如何感謝老闆（或領導），如有興趣，請繼續看下去。

✳ 如何感恩老闆（或領導）？ ✳

感謝老闆的知遇之恩

為什麼要感謝老闆（或領導）呢？首先，他們對你有知遇之恩。在你需要一份工作，需要供養父母妻兒，透過面試，公司的人事部對你有基本的了解就聘用你，聘用你是有機會成本的。公司的人事部為你準備面試，面試入職之後為你安排職場培訓，如你沒有做好工作，或者很快辭職，公司需要重新花費資源再聘用另一個人。因此，公司聘用你是給你機會，讓你為公司產出回報，譬如：提供專業、優質的服務，或者為公司提供生產價值。

明星報答知遇之恩

與你分享香港一個明星懂得知遇之恩的故事，他就是發哥，周潤發先生。發哥在 20 世紀 80 年代初被視為票房毒藥，投資人不喜歡他。可是，在 1986 年年底，張婉婷導演很看好他，堅持要用他擔任《秋天的童話》這部電影的男主角。當時，張導演找到發哥，他剛拍完《英雄本色》這套電影，很不相信自己，他邀請了張導演觀看此片的首映，張導演看完首映之後更加欣賞他。

結果，《英雄本色》在香港大賣，票房勁收 3,465 萬港幣，打破了當時的票房記錄。發哥就是憑《英雄本色》打破票房毒藥這稱號，並因此而片約增加，檔期緊張。由於《秋天的童話》是文藝片，張導演給發哥的片酬不多，她擔心發哥「爆紅」後會辭演。不過，發哥重情義和重承諾，在 1987 年，他抽出一個月為張導演拍攝《秋天的童話》，這部電影最後也「火」了，還成為經典。由此可見，發哥答謝張導演在他電影低潮期相信他，不怕被他過往票房不佳的記錄影響。故此，發哥「紅」了也抽空拍攝《秋天的童話》，是感謝張導演對他的知遇之恩，可謂是《秋天的童話》成就了發哥，也成就了張導演，達到多贏局面。所以，懂得感恩的人有無限可能。

感謝老闆給你平台發揮才華

其次，你要感謝老闆，因為他給你一個平台，讓你發揮個人能力，或者施展才華，甚至允許你在工作上犯錯（不影響大局的小錯）。你除了在工作中盡心完成他交代的任務之外，還可以儘量替他分憂解難。聽說很多老闆有不少毛病，例如：胃痛、頭痛、失眠、拉肚子、脾氣暴躁等等，並不是你看到表面的風光，你見他跟潛在合作夥伴或合作夥伴在外面大魚大肉，其實吃的是應酬飯，他為了公司的發展，以及努力爭取每個月發工資給你，當中有不少委屈，和著飯菜、酒，吞下肚子，壓力不少，消化和情緒當然不好。因此，如果你的老闆沒有因由責罵了你，你就儘量理解他，不要記仇。若你真的很生氣，覺得受了很大的委屈，那你就生氣一天，甚至兩天，然後再上班又是新的一天。尤其在新冠疫情期間，全球經濟不景氣，百業蕭條，你能夠保住飯碗，你老闆是有很大本事了。你要多謝他沒有把你辭退，因為經濟不景氣，他的壓力比以往更大、更多，他讓你有一份工資帶回家，你才可以過安穩的生活，你如何不感謝他呢？

離職後別說前老闆的壞話

還有，在離職後，千萬不要在背後說你前老闆和領導的壞話。你在背後中傷前老闆，其實對他的影響不太大，你的中傷不代表他不行，其實是代表你不行，這關乎你的胸襟與品格問題。如果你現任的老闆知道你有在背後中傷前老闆的習慣，他會如何想你呢？

離職前也要認真工作

雖然有小部分老闆會做得不好，但是我相信大部分老闆是好的。曾聽過一個故事，有一個多年協助老闆建屋的員工提出退休，老闆請他在退休前再協助建造一間房屋。這名員工覺得老闆在壓榨他，退休前還要勞役他，於是他用最差的物料，以最馬虎的心態去建造

這間屋子，這屋子是他一生中建造最差的，他只為完成任務。結果，建完房子，老闆召見他，表示多謝他過往多年的協助，打算退休後送他一間房屋，讓他親手建造房屋，事前沒有告訴他，是想給他一個驚喜。這名員工聽到後，為自己的作為感到十分慚愧，驚喜最終變成驚嚇與諷刺。如果這名員工知道這間房子是自己的退休禮物，他一定不會用最差的材料，也不會馬虎去建造。因此，**離職前也要認真去做工作上的最後一個任務，你不是老闆，不知道最後一天會有驚喜，還是驚嚇？！**

✳ 如何感恩國家？ ✳

找出共鳴點

不知道你有沒有看 2021 年 7 月 1 日「建黨 100 周年慶典」上，國家主席習近平的直播講話呢？他說的其中一句話贏得廣大人民如雷般的掌聲，他說：「中國人民從來沒有欺負、壓迫、奴役過其他國家人民，過去沒有，現在沒有，將來也不會有。同時，中國人民也絕不允許任何外來勢力欺負、壓迫、奴役我們，誰妄想這樣幹，必將在 14 億多中國人民用血肉築成的鋼鐵長城面前碰得頭破血流！」你聽到習主席這一段話，有什麼想法呢？

你激動嗎？高興嗎？我相信作為任何一個國家的人民，聽到國家主席這樣說，一定會很激動的。它代表了一個國家的實力，有能力、有信心、有決心保護人民。人民不需要擔驚受怕，也不用害怕外來勢力的欺負。

回顧國家苦難的歷史

實在，我們受夠了。在 19 世紀末，因為我們落後挨打，不斷受到西方列強欺負，簽下一條條屈辱的不平等條約，割地賠款。你應

該還記得西方列強侵華的鴉片戰爭、甲午戰爭、八國聯軍侵華戰爭等等，從 1842 年 8 月到 1906 年 4 月，我國一共賠款約 13 億兩白銀，相當於晚清年財政收入 800 萬兩的 16 倍。

國家強大・努力與犧牲

當時國庫被掏空，甚至負數了，以致新中國成立以來，人們生活艱苦，平時穿的是粗棉布、麻布，顏色樸素，大多藍色、灰色，還有人民公社、大躍進的出現。當時，大躍進試圖利用充裕的勞動力和群眾的熱情增產，號召全民煉鋼，很多人非常熱心，無私地把家裡的鍋、鐵器拿出來煉鋼鐵，但是因為技術不合規格，導致煉出大量廢鐵。毛澤東發起的大躍進雖然失敗，但卻是試圖促使經濟加速發展，試圖改造的發展思想。那時候，大躍進的推行也導致黨內外大量質疑與批評。

另一方面，大躍進期間對生態環境的破壞和粗製濫造水庫，以致不能抵抗颱風帶來的暴雨衝擊，最終令河南「75.8」水庫壩潰，約 30 個縣市、1,700 多萬畝的農田被水淹，1,000 多萬人受災，大躍進運動間接導致了三年饑荒。

可想而知，中國人民吃了很多苦。先有列強引發一次次侵華戰爭，然後有改革救國，當中的失誤引致水災、饑荒，到後來改革開放，讓東部沿海城市先富起來等等正確的政策與措施，到後來西部大開發，在經濟、政治、軍事、科技等方面加強，努力奮鬥，再到中國有自己的北斗衛星，可以發射衛星上天空，可以登月，可以在疫情期間支援及捐獻世界各國的防疫物資，可以逐步消除貧窮，帶領人民走上小康社會等等。另外，很多外國人學習普通話，學習中國文化，研究中國共產黨為什麼成功。

中國經歷了由弱變強的過程，回顧過往的一切，中國人走的每一步也不容易，每一步也是摸著石頭過河，走得戰戰兢兢，難免會有錯，但最後也頂住各方壓力最終成功走出中國特色社會主義道路。

在過程中，有很多不可逆轉的苦難，都讓前人與先輩吃了，前人與先輩的汗水、鮮血，一代代國家領導班子的努力和無私的付出，才換來我們今天的和平、安穩和美好的幸福生活。可以說，我們這一代人是獲得前人栽樹，後人乘涼的享受。

理解國家的難處及改變的決心

你再想想，這樣的國家有 14 億以上的人口，問題一定有很多，漏洞也存在不少，有些政策與決策可能有錯，然而大部分政策與決策卻顧及了廣大人民的利益，也逐步完善各地的基礎建設（尤其是交通運輸方面的建設）。不斷在各方面改進，查找漏洞，決心處理不合理的現象，只為了讓人們過上安穩幸福的日子，以及為了有實力保護人民，不讓人民受到外國的踐踏與欺負。

認識國家的榮譽與榮耀

這樣的國家，你會包容它、接納它嗎？這樣的國家，有無數不怕艱苦、不怕困難、不怕犧牲的前輩、先烈，及守護國土、守護人民安全的現職軍人，你會尊敬他們嗎？這個國家，能夠誕生很多奧運獎牌運動員及其他出色的運動員；面對新冠疫情，這個國家把人民的生命放在首位；有不少「兩彈一星」的科學家；有共和國勳章獲獎者；有自己的導航北斗衛星……身為這個國家的人民，你會感到自豪嗎？這個國家，致力帶領人民走向民族復興之路，你會跟隨它的步伐嗎？這個國家，它叫中國，你有沒有一點點喜歡它？有沒有一點點感謝它？有沒有一點點慶幸生於這個國家？

學習感謝前人的努力與貢獻

　　人，如果不懂得感謝自己的國家，也許是因為他不知道自己的根，不知道國家過往的苦難歷史，不知道一代代前人與目前無數不同階層人士的努力付出與貢獻，不知道軍人的艱辛生活，甚至不關心自己國家的發展等等。生於和平世代，我們是幸福的一群，我們不用經歷戰爭的苦難，但也可以嘗試去了解先輩經歷的苦難。如果說先輩與你有很遙遠的距離，你可以把先輩想像成你的父母，你的父母受苦，你一定不願意見到，以及一定會難過。那麼，先輩就相當於你的父母（或者祖父輩、或者祖宗十八代），彼此有連結，情感相依。簡單地說，你今天擁有的一切，多少也有你父母（或祖父輩或者先輩）的庇佑或者影響。

孟晚舟回祖國

對於華為副董事長孟晚舟女士回祖國的事件，相信你還有印象。孟女士乘坐中國政府包機，於 2021 年 9 月 25 日晚上抵達深圳寶安國際機場，她有幾句話令人印象深刻，分別是：「我終於回家了。」「祖國，我回來了。」「感謝祖國，感謝黨和政府，感謝祖國的人民對我的支持和幫助。」還有一句有一定經歷的人特別有體會，這句是：「沒有在深夜痛哭過的人，不足以談人生。」她的話激起現場接機人士和關心她的人民的熱烈掌聲，她的感言除了表達她被扣押 1,028 天刻骨銘心的辛酸體會之外，還有濃濃的感謝祖國，感謝祖國的人民對她的關心與支持。的確，她能夠被釋放，中國出了很大的力。她的感言也以這句話結尾：「回家的路，須曲折起伏，卻是世間最暖的歸途。」

孟晚舟女士事件，你看到了什麼？也許看到了我們的國民被外國欺負，祖國盡力營救，不允許外來勢力欺負我們。孟女士乘坐祖國的包機回到祖國，受到廣大人民的熱烈歡迎和祝賀。孟女士在機場發表的感言令人感動，令陌生的你、我也感受到「中國紅」燃亮她的信念，照亮她的黑暗時刻，引領她歸途。她的事件令人覺得身為中國的兒女是幸福的，不管在外遇到什麼困難，都有強大的國家做後盾，給予支援，給予協助。

探討：東江水——為什麼說香港人要懂得飲水思源？

為什麼我要加插探討「東江水」呢？

最近，社會正值發起表揚「東江－深圳供水工程建設者群體」，而我不了解東江水的歷史，於是查找資料後思考，發覺這個議題很切合感恩的主題，這點我放在後面討論。現在，我想先談談東江水的緣起與歷史，你認識後，可能會有不同的想法。

＊ 東江水的緣起 ＊

身為香港的一份子，真的應該認識東江水的來源，才明白水來得不容易，要珍惜用水。也許你由父母那裡知道，香港以前曾經「制水」，人們要上街排隊取水。我記得電視曾經播過香港人上街排隊取水的片段，反映當時香港人面對生活用水的困難。如果你有興趣進一步了解，可以上網查看更多關於香港「制水」和東江水的資料，我也找過相關資料來看，這是真實的歷史。以下，與你一起快速回顧東江水的歷史：

＊ 你知道東江水的歷史嗎？ ＊

在 1962 年秋至 1963 年初夏，香港發生嚴重水荒，而在 1963 年，香港遭遇大旱，港英政府由 6 月 1 日起實施嚴格的「制水」，最緊張時規定每 4 天供水一次，每次只供水 4 小時。為了長遠解決

用水問題，港英政府向廣東省提出供水請求，經周恩來總理批示，決定修建「東深工程」，是指由東江引水輸送給香港的工程。

✴ 為什麼說中國內地對香港送大禮？ ✴

「東深工程」是中國內地關心香港解決用水的問題。查看資料，我才發現——中國中央政府承擔「東深工程」的設計與修建，並且承擔全部費用，該費用是周恩來總理從援外經費撥出的專款。你知道那筆撥款是多少嗎？是 3,800 萬元，當時的 3,800 萬元相當於今天 2021 年的 30 億元。20 世紀 60 年代的中國內地仍然很窮困，卻為解決香港的用水問題，作出大力的支持。如果說男人捨得為女人花錢就是愛，為女人花大錢就代表越愛，那中國當時自身環境欠佳，仍然為香港花大錢，你說代表什麼呢？可能你會有點難以理解，請看看以下的補充資料，會增加你的了解：

補充資料

一、香港人要多謝深圳。因為在飲用東江水之前，即 1961 年，深圳水庫就開始向香港供水，收費是每千英侖水收取人民幣一角錢。

二、在 1963 年前後，受旱災影響的不限於香港人。1962 年 9 月至 1963 年 6 月，寶安全縣無雨，水田龜裂，河流乾涸，受旱水田 33 萬畝，糧食減產 73 萬擔。中國內地如何做呢？中國內地為照顧香港同胞，修建「東深工程」。你說，中國內地對香港的這份情況重嗎？這份大禮是否有一點點厚重？

三、50 多年來，共有三萬多名工程勘探、設計、施工人員和維修、護理人員參與「東深工程」的建設運行。

✳ 國內各方支援「東深工程」 ✳

「東深工程」於 1964 年 2 月 20 日動工興建，到 1965 年 3 月 1 日正式向香港供水。請不要有錯覺以為工程很簡單，一年能夠供水給香港，實在是國內各方全力以赴的大力出奇跡。尤其是當時施工缺乏機械設備，欠缺先進技術，主要靠人力，初期的工程有一萬多人參與建設，廣州動員了知識青年，東莞、寶安、惠陽動員了農民。全國 14 個省、市及廣東省近百家工廠（如：上海、西安、瀋陽、廣州等地），趕製各種機電設備，調配物資，交通部門積極配合。可謂舉全國之力協助香港，才能夠在短短一年時間完成「東深供水工程」建設，順利實現了引水東江，供給香港的使命。

✳ 「東深工程」結構有什麼難度？ ✳

「東深工程」取水自珠江三條支流之一的「東江」，工程線路全長 83 公里，由六座攔河壩、八級抽水站、兩宗調節水庫和 16 公里人工河道組成，把東江水提升 46 米，「倒流」（讓河水從低處向高處倒流），然後注入深圳雁田水庫，再供水給香港。你可看看香港水務署——「水務署－東江水」頁面的結構圖片，可以了解其結構複雜，要把工程示意圖的構思實踐出來，香港前水務署署長高贊形容工程設計是「逆天的天才」。連 1965 年香港工務司鄔利德等三人參觀「東深工程」後，鄔利德表示這個工程是第一流的頭腦設計出來的，他對中國內地的製造機電設備很讚賞，以及敬佩高速良好質量建成的工程。

✳ 令我印象最深刻的「東深工程」故事 ✳

「東深工程」有很多感人的故事，我印象最深刻的是這一位：2021 年 79 歲的黃惠棠，他大半生獻給了「東深供水工程」。他是「東

深工程」初期工程的建設者，也是通水後的護理者，他除了八年在泵站工作外，其餘近 30 年在水渠沿線巡查，平均每天走約 20 公里路程。

你知道 20 公里有多遠嗎？20 公里相當於 20,000 米，也是 20 千米。如果成年人每步走 0.5 米，要走四萬步；如果跑一圈是 1,000 米，要跑 20 圈；如果開車，用高速以時速 120km/h 計算，20 公里約要 10 分鐘車程。那麼，你想到徒步 20 公里需要用多少時間嗎？人正常散步速度為每小時四至五公里，如果中途不休息，20 公里路程需要步行四至五個小時。

由此可見，黃惠棠是一個很有毅力的人，他不是巡查一天，而是巡查 30 年，每天也走相當於馬拉松的半碼路程（馬拉松半碼是 21.0975 公里）。這份堅持，你做到嗎？你敬佩嗎？如果有機會，相關政府部門可以考慮安排香港的青年人走一次 20 公里「東深工程」的巡查路線，讓他們感受一下前人及先輩的付出，好好向前輩學習。如果有機會，我也想走一次，經歷一次前人所經歷的，相信會有更深入的體會。

其實，還有很多其他令人感動的「東深工程」故事，留待你去發掘及了解。

✽ 為什麼說香港時下青年人不能體會水珍貴呢？ ✽

前水務署署長高贊說香港一些青年人不能體會水的珍貴，是因為現時的青年人生活太幸福了，唾手可得，打開水龍頭就有水可以飲用。而他生於那個年代，親身經歷「擔水」走樓梯回家的苦況，也經歷過低層住戶一窩蜂開喉管取水，樓上住戶就會產生沒有食水供應的焦慮。

作為一個香港的青年人，我覺得親身經歷可以改變人的想法，而感悟也可以改變人的想法。感悟來自於了解東江水的歷史，當青年人知道東江水的歷史，想法可能會有改變。正如我看過的小說，

女主角對策劃她懷孕的母親感到怨恨，後來知道母親這樣做犧牲了自己，而她需要懷孕生下孩子才不會死亡，於是釋懷，感謝母親對自己的用心與付出。

來到這裡，也許我們要了解一下什麼是飲水思源。

＊ 飲水思源 ＊

「飲水思源」是出自南北朝著名文學家庾信《徵調曲》：「落其實者思其樹，飲其流者懷其源。」這兩句話是提醒人們吃果實的時候要想到結果實的樹，而喝水的時候要想起水是從哪兒來的（或者水的源頭在哪裡），勸人們不要忘記別人的恩惠，或者比喻不要忘本。作為香港人，我們是忘本的人嗎？如何表達我們也有一顆感恩的心？以下的做法，我覺得不錯：

＊ 時代楷模，當之無愧 ＊

最近，中宣部宣佈授予：東江－深圳工程建設者群體「時代楷模」稱號，當認識東江水的歷史後，會容易認同這是非常好的榮譽和表揚，每一位為「東江工程」付出努力的建設者當之無愧。在設備落後，技術量不足，遭受五次強颱風暴雨襲擊等困難，他們仍然為了使命，完成任務。當中，建設者們付出不少汗水、心血，甚至生命。「東深工程」體現了祖國對香港的關心與愛護，也反映祖國內地與香港兩地人民守望相助的情誼，一方有難，各方支援，由以往到現在，彼此心連心，大家就是一個整體，彼此命運相依。

＊ 結語 ＊

作為香港的青年人，扭開水龍頭就能夠享受用水的便利，我們也許不知日常飲用的水有一段歷史，當了解「東深工程」的歷史後，

你有什麼想法呢？這令我想到一句話，作家蘇心在她的文章中提出：「哪有什麼歲月靜好，不過是有人替你負重前行。」這句話的意思指：靜好的歲月是人所盼望，但它需要有人為我們保駕護航才能夠實現。你認同嗎？

最後，我想與你分享在「東江－深圳供水灌溉工程落成典禮」上，港九工會聯合會及香港中華總商會向大會致送了兩面錦旗，分別是：「引水思源，心懷祖國」，和「江水倒流，高山低首；恩波遠澤，萬眾傾心」。現在，還有多少香港人對這兩面錦旗有印象呢？看完此文，你會重新思考「飲水思源」嗎？

總結

來到這裡，你還記得感恩的定義嗎？感恩是指：對別人所給予的恩惠表示感激。感恩的重點在於回報或回饋，是以行動表達謝意。我用了三分之二篇幅去講感恩的定義，知恩，為什麼要感恩和如何感恩。在如何感恩這部分，我特別詳細說明感恩教育與感恩對象，希望與你一起去思考感恩這個有意義的主題。

另外，我加了東江水歷史的探討，查看資料後，我明白東江水是香港人的生命之源，同時也對香港的經濟發展起到重要作用。香港能夠繁榮穩定，香港人能夠擁有幸福的生活，福報來自祖國，來自內地同胞對香港同胞的愛護與關懷。

感恩是一個很值得探討的題目，如要感恩，萬事萬物也可感恩，除了感謝父母、老闆（或領導）及國家之外，還要特別感謝關心你的親友，你的競爭對手與敵人等等，前者令你溫暖，後者促使你堅強和強大。最後，還要感謝太陽、空氣、水、樹木等等大自然的一切生命體，從而在生活上懂得回饋大自然，（例如：珍惜水資源，製造的產品考慮環保及容易分解等等），回饋曾經對你施恩的人士。

如果我們懂得感恩，我們走的路一定會越來越寬闊。一生中，我們每個人也會經歷不少困難與磨難，如果你是一個懂得感恩的人，在你需要協助的時候，你身邊一定會有不少人樂意提供幫助，願意成就你。對於這個觀點，你同意嗎？

　　感謝你耐心閱讀，文章很長，希望對你有啟發。

注釋：

1.　有人說弗萊明的父親救邱吉爾是流傳的故事，這個故事旨在說明善有善報，也是一個感恩和報恩的故事。

後記

「笨豬跳跳 520」命名的由來

聽到「笨豬跳跳 520」，別人以為是「笨豬跳」，你跳過嗎？很多年前，我在澳門玩過「笨豬跳」（Bungee jump）。當我穿上防風禦寒衣服，雙腳包裹著厚毛巾，綁好安全帶，由高處跳下的一剎那真的很刺激。隨著年齡的增長，責任大了，我覺得這樣的刺激活動玩一次就印象深刻，很足夠了。

我取名「笨豬跳跳 520」，是因為我覺得自己有時候很笨，尤其對於知識的涉獵，我知道的很少，不知道的還有很多。我這樣形容自己：「笨豬忐忑，吾生有涯，而知無涯，唯有上下求索。」

對於有興趣但不懂得的事情，我會像一塊海綿一樣去吸收及學習，學習的心情恍如一隻上下跳動的可愛小豬，而我很喜歡這樣的自己。

我願意接受新事物，也願意接受挑戰。2021 年 4 月，我報讀了28 天的視頻課程，我是一個小白，用一個月努力學習換來四個嘉許，分別是：第一周優秀學員、精英學員、優秀進步獎和原創視頻大賽獎，這是我第一次在學習上對自己狠心的結果，書中〈突然間懂了——成長的五個關鍵〉一文會向你分享我如何學習和如何解決學習視頻製作上遇到的困難。如果你想知道我的學習態度是否值得你參考，或者對製作視頻有很多擔憂，這篇文章可以為你提供參考意見。

另外，三年前我就構想為肥爸爸舉辦畫展，出書是豐富畫展的內涵。對我來說，出書和舉辦畫展是第一次嘗試，之前沒有任何經驗，是很大的挑戰，但是我願意走出「舒適圈」，願意接受挑戰，

也敢於自我挑戰。我認真做資料搜集，認真思考和分析，制定策略，然後一步一步去規劃及執行。希望能夠得到你的鼓勵與支持，我們在書中進一步交流吧！

多謝關注！

敬祝如意吉祥！

笨豬跳跳 520

請用微信掃碼

「笨豬跳跳 520」是我微信視頻號的名稱，主要介紹美食和成長感悟，如果想了解更多我的視頻作品，歡迎關注和指導，謝謝！

附錄 1

肥爸爸畫展資料

　　以下為肥爸爸部分畫展宣傳品及畫作參考資料，詳情請關注「笨豬跳跳 520」視頻。

我的肥爸爸88歲，

他熱愛畫畫，畫了一輩子，無師自通。

他一生率性頑皮，充滿童心，

作品純樸、有趣。

如有興趣，歡迎入場參觀。

2021年12月26-27日
26/12：2pm - 8pm
27/12：10am - 6pm
香港文化中心
行政大樓4樓（展覽館）
九龍尖沙咀梳士巴利道10號

請用微信掃碼

這個畫展
有你，有我
還有主角 — 肥爸爸

This exhibition
showcases
You, Me
and mainly him — MY FAT PAPA

免費入場

附錄 2

參考資料

參考書目

1. 《秘密》（*The Secret*）作者：Rhonda Byrne（朗達・拜恩）

2. 《佐賀的超級阿嬤》作者：島田洋七

3. 《人力資源管理與應用》二版 PDF　吳秉恩審校，黃良志，黃家齊，溫金豐，廖文志，韓志翔著

參考電影

《維京傳奇》歷史劇（*Vikings*）創作者：Michael Hirst（麥可・赫斯特）

參考文章

01

ESPRIT 傳出撤離台灣 重組關閉亞洲 56 店舖
　https://ec.ltn.com.tw/article/breakingnews/3147761

思捷棄亞洲市場盡關 56 店
　https://hd.stheadline.com/news/daily/hk/850662/%E6%97%A5%E5%A0%B1-%E6%B8%AF%E8%81%9E-
　%E6%80%9D%E6%8D%B7%E6%A3%84%E4%BA%9E%E6%B4%B2%E5%B8%82%E5%A0%B4%E7%9B%
　A1%E9%97%9C56%E5%BA%97

Forever 21 將關全球 350 店 申破產保護
　http://www.takungpao.com.hk/international/text/2019/0930/355607.html

Forever 21 將關全球 350 店 申破產保護
　http://news.wenweipo.com/2019/09/30/IN1909300023.htm

Forever-21 申請破產 - 預計終止全球 350 間分店業務 - 望重整業務再出發
　https://holiday.presslogic.com/article/147352/forever-21%E7%94%B3%E8%AB%8B%E7%A0%B4%E7%94
　%A2-%E9%A0%90%E8%A8%88%E7%B5%82%E6%AD%A2%E5%85%A8%E7%90%83350%E9%96%93%E
　5%88%86%E5%BA%97%E6%A5%AD%E5%8B%99-%E6%9C%9B%E9%87%8D%E6%95%B4%E6%A5%AD
　%E5%8B%99%E5%86%8D%E5%87%BA%E7%99%BC

疫情打亂大廠聯姻！ BMW 宣佈裁員 6,000 人，中止與賓士自駕研發合作
https://www.bnext.com.tw/article/58181/bmw-layoff-hold-benz-collaboration

受疫情影響 寶馬車廠裁員 6000 人
https://std.stheadline.com/realtime/article/1300289/%E5%8D%B3%E6%99%82-
%E5%9C%8B%E9%9A%9B-%E5%8F%97%E7%96%AB%E6%83%85%E5%BD%B1%E9%9F%BF-%E5%AF
%B6%E9%A6%AC%E8%BB%8A%E5%BB%A0%E8%A3%81%E5%93%A16000%E4%BA%BA

Zara 母公司 88% 門店停業 一季度虧損超 4 億歐元
https://ppfocus.com/0/fa8b397d3.html

ZARA 關店，快時尚遭遇「更快」挑戰
https://kknews.cc/zh-hk/finance/e5kg8ez.html

Zara 母公司一季度虧損超 4 億歐元上千家門店將被迫關閉
https://www.dwnews.com/%E7%BB%8F%E6%B5%8E/60181961/Zara%E6%AF%8D%E5%85%AC%E5%8F
%B8%E4%B8%80%E5%AD%A3%E5%BA%A6%E4%BA%8F%E6%8D%9F%E8%B6%854%E4%BA%BF%E6
%AC%A7%E5%85%83%E4%B8%8A%E5%8D%83%E5%AE%B6%E9%97%A8%E5%BA%97%E5%B0%86%
E8%A2%AB%E8%BF%AB%E5%85%B3%E9%97%AD

全球最大保健廠 GNC 破產清盤
https://www.chinapress.com.my/20200624/%E5%85%A8%E7%90%83%E6%9C%80%E5%A4%A7%E4%BF
%9D%E5%81%A5%E5%8E%82-gnc%E7%A0%B4%E4%BA%A7%E6%B8%85%E7%9B%98/

不敵疫情 - 全球最大保健食物公司 GNC 申請破產
https://std.stheadline.com/realtime/article/1303874/%E5%8D%B3%E6%99%82-
%E5%9C%8B%E9%9A%9B-%E4%B8%8D%E6%95%B5%E7%96%AB%E6%83%85-%E5%85%A8%E7%90
%83%E6%9C%80%E5%A4%A7%E4%BF%9D%E5%81%A5%E9%A3%9F%E7%89%A9%E5%85%AC%E5%8F
%B8GNC%E7%94%B3%E8%AB%8B%E7%A0%B4%E7%94%A2

美國保健品牌 GNC 宣佈破產 - 計劃關閉旗下 1200 間門市 出售公司
https://hk.ulifestyle.com.hk/topic/detail/211378/%E7%BE%8E%E5%9C%8B%E4%BF%9D%E5%81%A5%E
5%93%81%E7%89%89%8Cgnc%E5%AE%A3%E4%BD%88%E7%A0%B4%E7%94%A2-%E8%A8%88%E5%8A
%83%E9%97%9C%E9%96%89%E6%97%97%E4%B8%8B1200%E9%96%93%E9%96%80%E5%B8%82-%E5
%87%BA%E5%94%AE%E5%85%AC%E5%8F%B8

泰國中央破產法院批准泰航重組申請
https://inews.hket.com/article/2752919/%E6%B3%B0%E5%9C%8B%E4%B8%AD%E5%A4%AE%E7%A0
%B4%E7%94%A2%E6%B3%95%E9%99%A2%E6%89%B9%E5%87%86%E6%B3%B0%E8%88%AA%E9%87%
8D%E7%B5%84%E7%94%B3%E8%AB%8B

泰國國際航空公司申請破產重組

http://yn.people.com.cn/BIG5/n2/2020/0528/c372459-34047425.html

亞航裁 333 人縮規模　菲子公司 7 月或復飛

https://www.orientaldaily.com.my/news/business/2020/06/05/344619

受疫情影響亞航 airasia 宣布裁員 333 人包括機組人員機師工程師

https://88razzi.com/%E6%97%B6%E4%BA%8B/%E5%8F%97%E7%96%AB%E6%83%85%E5%BD%B1%E5
%93%8D%E4%BA%9A%E8%88%AAairasia%E5%AE%A3%E5%B8%83%E8%A3%81%E5%91%98333%E4
%BA%BA%E5%8C%85%E6%8B%AC%E6%9C%BA%E7%BB%84%E4%BA%BA%E5%91%98%E6%9C%BA
%E5%B8%88%E5%B7%A5%E7%A8%8B%E5%B8%88

Expedia 裁員 3000

https://news.mingpao.com/pns/%E7%B6%93%E6%BF%9F/article/20200226/s00004/1582655972836/
expedia%E8%A3%81%E5%93%A13000

網上旅行社 Expedia 宣布裁員 3000 人

https://hd.stheadline.com/news/realtime/wo/1708765/%E5%8D%B3%E6%99%82-
%E5%9C%8B%E9%9A%9B-%E7%B6%B2%E4%B8%8A%E6%97%85%E8%A1%8C%E7%A4%BEExpedia%
E5%AE%A3%E5%B8%83%E8%A3%81%E5%93%A13000%E4%BA%BA

星巴克永久關閉 400 店 單季虧損 248 億港元

https://inews.hket.com/article/2666953/%E6%98%9F%E5%B7%B4%E5%85%8B%E6%B0%B8%E4%B9%85
%E9%97%9C%E9%96%89400%E5%BA%97%E3%80%80%E5%96%AE%E5%AD%A3%E8%99%A7%E6%90
%8D248%E5%84%84%E6%B8%AF%E5%85%83

星巴克將永久關閉 400 間分店！美國及加拿大的分店……

https://new.qq.com/omn/20200805/20200805A06CN800.html

星巴克股價 - 星巴克計畫關閉美洲 400 間門市 - 第二季營業額料減少 32 億美元

https://businessfocus.io/article/139781/%E6%98%9F%E5%B7%B4%E5%85%8B%E8%82%A1%E5%83%B9-
%E6%98%9F%E5%B7%B4%E5%85%8B%E8%A8%88%E7%95%AB%E9%97%9C%E9%96%89%E7%BE%8
E%E6%B4%B2400%E9%96%93%E9%96%80%E5%B8%82-%E7%AC%AC%E4%BA%8C%E5%AD%A3%E7
%87%9F%E6%A5%AD%E9%A1%8D%E6%96%99%E6%B8%9B%E5%B0%9132%E5%84%84%E7%BE%8E
%E5%85%83

希爾頓酒店宣佈將全球裁員 2100 人

https://ec.ltn.com.tw/article/breakingnews/3200101

希爾頓酒店大砍 2100 人員工休假再延長 90 天

https://ctee.com.tw/news/global/287153.html

新冠肺炎 希爾頓酒店擬全球裁員 2100 人 佔現有人手逾 2 成

https://www.hk01.com/%E5%8D%B3%E6%99%82%E5%9C%8B%E9%9A%9B/487198/%E6%96%B0%E5%8
6%A0%E8%82%BA%E7%82%8E-%E5%B8%8C%E7%88%BE%E9%A0%93%E9%85%92%E5%BA%97%E6%
93%AC%E5%85%A8%E7%90%83%E8%A3%81%E5%93%A12100%E4%BA%BA-%E4%BD%94%E7%8F%B
E%E6%9C%89%E4%BA%BA%E6%89%8B%E9%80%BE2%E6%88%90

勞斯萊斯擬全球裁 9000 人

https://m.mingpao.com/fin/daily/20200521/1590001819653/%E5%8B%9E%E6%96%AF%E8%90%8A%E6%
96%AF%E6%93%AC%E5%85%A8%E7%90%83%E8%A3%819000%E4%BA%BA

新冠肺炎 - 勞斯萊斯將全球裁員至少 9000 人 - 相當於 17% 員工

https://www.hk01.com/%E5%8D%B3%E6%99%82%E5%9C%8B%E9%9A%9B/475730/%E6%96%B0%E
5%86%A0%E8%82%BA%E7%82%8E-%E5%8B%9E%E6%96%AF%E8%90%8A%E6%96%AF%E5%B0%
87%E5%85%A8%E7%90%83%E8%A3%81%E5%93%A1%E8%87%B3%E5%B0%919000%E4%BA%BA-
%E7%9B%B8%E7%95%B6%E6%96%BC17-%E5%93%A1%E5%B7%A5

周杰倫「Mr.J 義法廚房」5 月底熄燈！ 13 年回憶終結

https://udn.com/news/story/7934/4534219

周杰倫「Mr.J 義法廚房」將歇業！粉絲不捨嘆：可惜

https://www.chinatimes.com/realtimenews/20200502002575-260404?chdtv

新冠肺炎 - 餐飲業失業率達 7.5% 工會：逾一半酒樓放無薪假

https://www.hk01.com/%E7%A4%BE%E6%9C%83%E6%96%B0%E8%81%9E/448871/%E6%96%B0%E5%8
6%A0%E8%82%BA%E7%82%8E-%E9%A4%90%E9%A3%B2%E6%A5%AD%E5%A4%B1%E6%A5%AD%E
7%8E%87%E9%81%947-5-%E5%B7%A5%E6%9C%83-%E9%80%BE%E4%B8%80%E5%8D%8A%E9%85%
92%E6%A8%93%E6%94%BE%E7%84%A1%E8%96%AA%E5%81%87

明星海鮮酒家業績加劇下滑員工總監放無薪假

https://hk.on.cc/hk/bkn/cnt/news/20200228/bkn-20200228150429855-0228_00822_001.html

限聚令 - 晚市禁堂食延長 酒樓：全年無謂做生意、無人有信心落訂

https://www.hk01.com/%E7%A4%BE%E6%9C%83%E6%96%B0%E8%81%9E/569920/%E9%99%90%E8%8
1%9A%E4%BB%A4-%E6%99%9A%E5%B8%82%E7%A6%81%E5%A0%82%E9%A3%9F%E5%BB%B6%E9
%95%B7-%E9%85%92%E6%A8%93-%E5%85%A8%E5%B9%B4%E7%84%A1%E8%AC%97%E5%81%9A%
E7%94%9F%E6%84%8F-%E7%84%A1%E4%BA%BA%E6%9C%89%E4%BF%A1%E5%BF%83%E8%90%B
D%E8%A8%82

【限聚令禁堂食】一文看清港九食肆休業重開狀況及營業時間（持續更新）

https://sme.hket.com/article/2709588/%E3%80%90%E9%99%90%E8%81%9A%E4%BB%A4%E7%A6%81%
E5%A0%82%E9%A3%9F%E3%80%91%E4%B8%80%E6%96%87%E7%9C%8B%E6%B8%85%E6%B8%AF%
E4%B9%9D%E9%A3%9F%E8%82%86%E4%BC%91%E6%A5%AD%E9%87%8D%E9%96%8B%E7%8B%80
%E6%B3%81%E5%8F%8A%E7%87%9F%E6%A5%AD%E6%99%82%E9%96%93%EF%BC%88%E6%8C%8
1%E7%BA%8C%E6%9B%B4%E6%96%B0%EF%BC%89

香港市民：疫情致冬至聖誕無聚會 望春節有團圓飯吃

http://www.takungpao.com/news/232109/2020/1209/529750.html

晚市禁堂食令下 冬至餐飲生意重挫

https://paper.hket.com/article/2829492/%E6%99%9A%E5%B8%82%E7%A6%81%E5%A0%82%E9%A3%9F
%E4%BB%A4%E4%B8%8B%20%E5%86%AC%E8%87%B3%E9%A4%90%E9%A3%B2%E7%94%9F%E6%8
4%8F%E9%87%8D%E6%8C%AB

疫情拖垮日本旅遊業 盤點 6 間結業人氣店 東急 Hands 分店都捱唔住

https://www.hk01.com/%E7%86%B1%E7%88%86%E8%A9%B1%E9%A1%8C/517550/%E7%96%AB%E6
%83%85%E6%8B%96%E5%9E%AE%E6%97%A5%E6%9C%AC%E6%97%85%E9%81%8A%E6%A5%AD-
%E7%9B%A4%E9%BB%9E6%E9%96%93%E7%B5%90%E6%A5%AD%E4%BA%BA%E6%B0%A3%E5%
BA%97-%E6%9D%B1%E6%80%A5hands%E5%88%86%E5%BA%97%E9%83%BD%E6%8D%B1%E5%94%
94%E4%BD%8F

酒吧界促復業　稱已進入第三輪結業潮

　　https://news.rthk.hk/rthk/ch/component/k2/1580520-20210314.htm?archive_date=2021-03-14

越來越多老店或人情味濃厚的商店將會結業，你認為有什麼方法可以保持它們讓我們的傳統或兒時回憶可以留存下來？

　　https://hk.toluna.com/opinions/2693816/%E8%B6%8A%E4%BE%86%E8%B6%8A%E5%A4%9A%E8%80%
　　81%E5%BA%97%E6%88%96%E4%BA%BA%E6%83%85%E5%91%B3%E6%BF%83%E5%8E%9A%E7%9A
　　%84%E5%95%86%E5%BA%97%E5%B0%87%E6%9C%83%E7%B5%90%E6%A5%AD%EF%BC%8C%E4%
　　BD%A0%E8%AA%8D%E7%82%BA%E6%9C%89%E4%BB%80%E9%BA%BC%E6%96%B9%E6%B3%95%
　　E5%8F%AF%E4%BB%A5%E4%BF%9D%E6%8C%81%E5%AE%83%E5%80%91%E8%AE%93%E6%88%91
　　%E5%80%91%E7%9A%84%E5%82%B3%E7%B5%B1%E6%88%96%E5%85%92%E6%99%82%E5%9B%9E%
　　E6%86%B6%E5%8F%AF%E4%BB%A5%E7%95%99%E5%AD%98%E4%B8%8B%E4%BE%86%EF%BC%9F

傳葵涌廣場人流大減爆結業潮 - 現場直擊 - 商場多間商店未有營業 - 吉舖招租

　　https://hk.ulifestyle.com.hk/topic/detail/210344/%E5%82%B3%E8%91%B5%E6%B6%8C%E5%BB%A3%E5
　　%A0%B4%E4%BA%BA%E6%B5%81%E5%A4%A7%E6%B8%9B%E7%88%86%E7%B5%90%E6%A5%AD%
　　E6%BD%AE-%E7%8F%BE%E5%A0%B4%E7%9B%B4%E6%93%8A-%E5%95%86%E5%A0%B4%E5%A4%
　　9A%E9%96%93%E5%95%86%E5%BA%97%E6%9C%AA%E6%9C%89%E7%87%9F%E6%A5%AD-%E5%90
　　%89%E8%88%96%E6%8B%9B%E7%A7%9F

五一續封關尖沙咀鬧市變死城生意淡靜商戶嘆「等執笠」

　　https://hk.on.cc/hk/bkn/cnt/news/20210501/bkn-20210501175125999-0501_00822_001.html

又一行業陷入倒閉潮！網吧半年淨關閉近 5000 家

　　https://hk.finance.yahoo.com/video/%E5%8F%88-%E8%A1%8C%E6%A5%AD%E9%99%B7%E5%85%A5%
　　E5%80%92%E9%96%89%E6%BD%AE-%E7%B6%B2%E5%90%A7%E5%8D%8A%E5%B9%B4%E6%B7%A
　　8%E9%97%9C%E9%96%89%E8%BF%915000%E5%AE%B6-035400600.html

美國老牌健身房 Gold's Gym 申請破產保護，疫情仍波及全美健身行業

　　https://kknews.cc/finance/6r5n88q.html

思捷環球

　　https://zh.wikipedia.org/wiki/%E6%80%9D%E6%8D%B7%E7%92%B0%E7%90%83

那些年，我們逛過的 ESPRIT

　　https://medium.com/%E6%B8%AFmall%E5%B0%88%E9%A1%8C/%E9%82%A3%E4%BA%9B%E5%B9
　　%B4%E6%88%91%E5%80%91%E9%80%9B%E9%81%8E%E7%9A%84esprit-545517f36c5

forever 21（美國服裝品牌）

　　https://baike.baidu.com/item/forever%2021/14657

Forever_21

　　https://zh.wikipedia.org/wiki/Forever_21

BMW

　　https://zh.wikipedia.org/zh-tw/BMW

BMW 最新產品目錄

　　https://connect.bmwhk.com/tc

ZARA 品牌服裝網

http://m.china-ef.com/zhiying/520438.html

Inditex 集團

https://baike.baidu.com/item/Inditex%E9%9B%86%E5%9B%A2/8825824?fromtitle=Inditex&from
id=1118852

ZARA

https://baike.baidu.com/item/ZARA

GNC

https://gnclivewell.com.hk/%E9%97%9C%E6%96%BCgnc/

泰航

https://zh.wikipedia.org/wiki/%E6%B3%B0%E5%9C%8B%E5%9C%8B%E9%9A%9B%E8%88%AA%E7%A
9%BA

泰國國際航空公司（Thai Airways International）

https://baike.baidu.com/item/%E6%B3%B0%E5%9B%BD%E5%9B%BD%E9%99%85%E8%88%AA%E7%A
9%BA%E5%85%AC%E5%8F%B8/2944703

亞洲航空公司（AirAsia）

https://baike.baidu.com/item/%E4%BA%9A%E6%B4%B2%E8%88%AA%E7%A9%BA%E5%85%AC%E5%8
F%B8?fromtitle=%E4%BA%9A%E8%88%AA&fromid=16501931

Expedia

https://baike.baidu.com/item/expedia
https://zh.wikipedia.org/wiki/Expedia%E5%85%AC%E5%8F%B8
https://play.google.com/store/apps/details?id=com.expedia.bookings&hl=zh_HK&gl=HK

星巴克

https://zh.wikipedia.org/wiki/%E6%98%9F%E5%B7%B4%E5%85%8B

Hilton hotel

https://zh.wikipedia.org/wiki/%E5%B8%8C%E7%88%BE%E9%A0%93%E5%85%A8%E7%90%83%E9%85%
92%E5%BA%97%E9%9B%86%E5%9C%98
https://baike.baidu.hk/item/%E5%B8%8C%E7%88%BE%E9%A0%93%E9%85%92%E5%BA%97/4891801
https://web.archive.org/web/20160304214603/http://travel.sohu.com/20071210/n253927868.shtml

勞斯萊斯汽車有限公司

https://zh.wikipedia.org/wiki/%E5%8A%B3%E6%96%AF%E8%8E%B1%E6%96%AF%E6%B1%BD%E8%B
D%A6
https://www.rolls-roycemotorcars.com.cn/zh-CN/the-rolls-royce-story.html

Mr.J 義法廚房

https://baike.baidu.hk/item/Mr.J%E7%BE%A9%E6%B3%95%E5%BB%9A%E6%88%BF/8115268

幾歲供完樓最理想？

https://paper.hket.com/article/2124782/%E5%B9%BE%E6%AD%B2%E4%BE%9B%E5%AE%8C%E6%A8%
93%E6%9C%80%E7%90%86%E6%83%B3%EF%BC%9F

【樓奴】阿爺當年買樓 10 年輕鬆供完　孫仔今日上車恐退休都未供用
https://www.hk01.com/%E7%86%B1%E7%88%86%E8%A9%B1%E9%A1%8C/251293/%E6%A8%93%E5%A5%B4-%E9%98%BF%E7%88%BA%E7%95%B6%E5%B9%B4%E8%B2%B7%E6%A8%9310%E5%B9%B4%E8%BC%95%E9%AC%86%E4%BE%9B%E5%AE%8C-%E5%AD%AB%E4%BB%94%E4%BB%8A%E6%97%A5%E4%B8%8A%E8%BB%8A%E6%81%90%E9%80%80%E4%BC%91%E9%83%BD%E6%9C%AA%E4%BE%9B%E7%94%A9

「雙租族」5 年買 3 層樓秘技大公開
https://hk.on.cc/hk/bkn/cnt/finance/20160525/bkn-20160525173601129-0525_00842_001.html

六合彩的歷史
http://www.hoideas.com/space.php?uid=55&do=thread&id=4451

香港樹仁大學經濟及金融學系　《從統計學的角度看香港六合彩之賽局安排》
潘志昌 二○一一年九月
https://ra.lib.hksyu.edu.hk/jspui/handle/20.500.11861/830

【又有金多寶】六合彩頭獎地圖 102 間投注站邊間最多人中頭獎
https://www.hk01.com/%E7%A4%BE%E6%9C%83%E6%96%B0%E8%81%9E/221086/%E5%8F%88%E6%9C%89%E9%87%91%E5%A4%9A%E5%AF%B6-%E5%85%AD%E5%90%88%E5%BD%A9%E9%A0%AD%E7%8D%8E%E5%9C%B0%E5%9C%96-102%E9%96%93%E6%8A%95%E6%B3%A8%E7%AB%99%E9%82%8A%E9%96%93%E6%9C%80%E5%A4%9A%E4%BA%BA%E4%B8%AD%E9%A0%AD%E7%8D%8E

中大獎的背後原因竟然是這樣的
https://kknews.cc/zh-hk/history/jzrmzql.html

香港人買六合彩的意義到底在哪裏？當然是「一夜暴富」啊！| 知香江
https://bau.com.hk/2017/07/34741

中大獎的人原來都有這「4 大習慣」！日本命理大師看遍頭彩得主，揭露他們強運的密招！
https://www.storm.mg/lifestyle/538424

酒精對中樞神經系統的影響
https://www.kmuh.org.tw/www/kmcj/data/8910/4571.htm

酒精對大腦的影響
https://zhuanlan.zhihu.com/p/144154471

Lottery Life: 2005 Powerball winner Brad Duke's goal is to be rich in life
Brad Duke's financial goal is to achieve $1 billion in his lifetime
https://www.idahopress.com/members/lottery-life-2005-powerball-winner-brad-dukes-goal-is-to-be-rich-in-life/article_9fc97737-bf3d-5f01-a03d-8213471433ce.html

聰明方法買六合彩 85$ 六合彩 17 注買 49 個字
https://blog.xuite.net/susanfq/hkblog/180128849-%E8%81%B0%E6%98%8E%E6%96%B9%E6%B3%95%E8%B2%B7%E5%85%AD%E5%90%88%E5%BD%A985%24%E5%85%AD%E5%90%88%E5%BD%A9+17+%E6%B3%A8%E8%B2%B7+49+%E5%80%8B%E5%AD%97

他用聰明方法買六合彩，獨中 17 億頭獎！中了 36 次 2 獎，被終身禁止購買彩票，而震驚世界！「聰明方法」罕有曝光！

http://wow.qooza.hk/p-60688

六合彩聰明組合網—巴拉福特大學方法（改良版）

http://www.freeeast.com/bradford2.html

六合彩獨家秘辛

http://7777777323.blogspot.com/2014/10/

美國幸運男一天三購彩票全中獎　贏取最高一筆獎金達 254 萬

https://www.hk01.com/%E5%8D%B3%E6%99%82%E5%9C%8B%E9%9A%9B/164133/%E7%BE%8E%E5%9C%8B%E5%B9%B8%E9%81%8B%E7%94%B7%E4%B8%80%E5%A4%A9%E4%B8%89%E8%B3%BC%E5%BD%A9%E7%A5%A8%E5%85%A8%E4%B8%AD%E7%8D%8E-%E8%B4%8F%E5%8F%96%E6%9C%80%E9%AB%98%E4%B8%80%E7%AD%86%E7%8D%8E%E9%87%91%E9%81%94254%E8%90%AC

彩票有數得計！澳洲數學家用公式　贏 244 萬港元樂透大獎

https://www.hk01.com/%E5%8D%B3%E6%99%82%E5%9C%8B%E9%9A%9B/201550/%E5%BD%A9%E7%A5%A8%E6%9C%89%E6%95%B8%E5%BE%97%E8%A8%88-%E6%BE%B3%E6%B4%B2%E6%95%B8%E5%AD%B8%E5%AE%B6%E7%94%A8%E5%85%AC%E5%BC%8F-%E8%B4%8F244%E8%90%AC%E6%B8%AF%E5%85%83%E6%A8%82%E9%80%8F%E5%A4%A7%E7%8D%8E

六合彩開出 1、2、3、4　頭獎 23.5 注中　每注僅派 282 萬元

https://www.hk01.com/%E7%A4%BE%E6%9C%83%E6%96%B0%E8%81%9E/56537/%E5%85%A5D%E5%90%88%E5%BD%A9%E9%96%8B%E5%87%BA1-2-3-4-%E9%A0%AD%E7%8D%8E23-5%E6%B3%A8%E4%B8%AD-%E6%AF%8F%E6%B3%A8%E5%83%85%E6%B4%BE282%E8%90%AC%E5%85%83

億元六合彩點買着數？大包圍至少倒蝕 3 千萬

https://hk.on.cc/hk/bkn/cnt/news/20160217/bkn-20160217160122141-0217_00822_001.html

中了彩票應該做什麼？博彩律師告訴你

https://www.epochtimes.com/b5/16/6/19/n8012638.htm

中大獎後通過什麼途徑走人能不被發現？

https://www.juduo.cc/club/641106.html

如果你中了頭獎，第一件事想做什麼？你會跟至親好友分享祕密嗎？若有天成了億萬富翁，你最想圓什麼夢？

https://blog.xuite.net/lingrer/twblog/123593942

【億半六合彩】幸運「星」中獎後掃 4 單位 升值 650 萬

https://www.hk01.com/%E7%A4%BE%E6%9C%83%E6%96%B0%E8%81%9E/20230/%E5%84%84%E5%8D%8A%E5%85%AD%E5%90%88%E5%BD%A9-%E5%B9%B8%E9%81%8B-%E6%98%9F-%E4%B8%AD%E7%8D%8E%E5%BE%8C%E6%8E%834%E5%96%AE%E4%BD%8D-%E5%8D%87%E5%80%BC650%E8%90%AC

世界上那些彩票中巨獎的人最後都怎樣了？

https://www.zhihu.com/question/22163243

為什麼億萬樂透得主都沒好下場？日本財富專家：辭掉工作，只會讓人生更痛苦！
https://www.businesstoday.com.tw/article/category/80401/post/201908260005/%E7%82%BA%E4%BB%80
%E9%BA%BC%E5%84%84%E8%90%AC%E6%A8%82%E9%80%8F%E5%BE%97%E4%B8%BB%E9%83%B
D%E6%B2%92%E5%A5%BD%E4%B8%8B%E5%A0%B4%EF%BC%9F%E6%97%A5%E6%9C%AC%E8%B
2%A1%E5%AF%8C%E5%B0%88%E5%AE%B6%EF%BC%9A%E8%BE%AD%E6%8E%89%E5%B7%A5%E
4%BD%9C%EF%BC%8C%E5%8F%AA%E6%9C%83%E8%AE%93%E4%BA%BA%E7%94%9F%E6%9B%B
4%E7%97%9B%E8%8B%A6%EF%BC%81

人的價值
https://baike.baidu.hk/item/%E4%BA%BA%E7%9A%84%E5%83%B9%E5%80%BC/35838

價值
https://wiki.mbalib.com/zh-tw/%E4%BB%B7%E5%80%BC

02

個人興趣
https://baike.baidu.com/item/%E4%B8%AA%E4%BA%BA%E5%85%B4%E8%B6%A3/1330871

個人偏好
https://zh.wikipedia.org/wiki/%E5%80%8B%E4%BA%BA%E5%81%8F%E5%A5%BD

普通話教與學：「愛好」「嗜好」有別 普通話一褒一貶
http://paper.wenweipo.com/2016/10/11/ED1610110011.htm

嗜好詞語解釋
https://www.chinesewords.org/dict/68298-109.html

詞條名稱：喜好
https://pedia.cloud.edu.tw/Entry/Detail/?title=%E5%96%9C%E5%A5%BD

喜歡
https://baike.baidu.hk/item/%E5%96%9C%E6%AD%A1/1290

心理學：社會興趣和團體感覺決定了你的幸福生活
https://kknews.cc/zh-hk/psychology/4oybx5g.html

興趣
https://baike.baidu.com/item/%E5%85%B4%E8%B6%A3/5720174

興趣
https://zh.wikipedia.org/wiki/%E8%88%88%E8%B6%A3

興趣愛好都有哪些類別？
https://zhidao.baidu.com/question/227334948.html

如何區別對待孩子的「物質興趣」與「精神興趣」？
http://m.zhizeu.com/education/xingqu/201601113607/

了解左腦與右腦的人格特質
https://www.chinatimes.com/realtimenews/20151005004166-260405?chdtv

3 個讓孩子「聰明翻倍」的方法，左右腦均衡開發，養出個聰明娃
https://xw.qq.com/cmsid/20200219A0O8X600?f=newdc

【右腦情報】腦科學：右腦教育的意義
https://zhuanlan.zhihu.com/p/62075125

【STEM】培育孩子圍棋興趣 訓練右腦思維左腦邏輯
https://ezone.ulifestyle.com.hk/article/2846920/%E3%80%90STEM%E3%80%91%E5%9F%B9%E8%82%
B2%E5%AD%A9%E5%AD%90%E5%9C%8D%E6%A3%8B%E8%88%88%E8%B6%A3%20%20%20%20
%E8%A8%93%E7%B7%B4%E5%8F%B3%E8%85%A6%E6%80%9D%E7%B6%AD%E5%B7%A6%E8%85%
A6%E9%82%8F%E8%BC%AF

一分鐘讀懂：新媒體、自媒體和傳統媒體
https://kknews.cc/zh-hk/media/v6mg54.html

一朵荷花拍 41 年，72 歲老人一生只做一事，第一張就驚艷了
https://3g.163.com/dy/article/FEJF48P205449JSO.html

72 歲老人痴迷鋼管舞 直播時被網友質疑年齡
https://www.chinanews.com/m/sh/shipin/cns/2021/09-15/news901171.shtml

72 歲大爺跳鋼管舞，驚呆網友
https://www.sohu.com/a/487381364_349247

淺談成年人的興趣愛好
https://lifemonthly.org/?p=10644&lang=zh-hans

興趣帶來成功的例子
https://zhidao.baidu.com/question/54158721.html

興趣決定成功的例子
https://www.3du.tw/knowledge/bGxkMA==.html

陳景潤（中國科學院院士、數學家）
https://baike.baidu.hk/item/%E9%99%B3%E6%99%AF%E6%BD%A4/18067

陳景潤
https://zh.wikipedia.org/wiki/%E9%99%88%E6%99%AF%E6%B6%A6

哥德巴赫猜想
https://zh.wikipedia.org/wiki/%E5%93%A5%E5%BE%B7%E5%B7%B4%E8%B5%AB%E7%8C%9C%E6%83
%B3

陳景潤證明了哥德巴赫猜想中的「1+2」，難度究竟有多大？
https://ppfocus.com/0/sca20a739.html

哥德巴赫猜想
http://www1.yy1.edu.hk/~yy1-maths/page20.html

《大偶數表為一個素數與不超過兩個素數乘積之和》

https://www.easyatm.com.tw/wiki/%E3%80%8A%E5%A4%A7%E5%81%B6%E6%95%B8%E8%A1%A8%E7%82%BA%E4%B8%80%E5%80%8B%E7%B4%A0%E6%95%B8%E8%88%87%E4%B8%8D%E8%B6%85%E9%81%8E%E5%85%A9%E5%80%8B%E7%B4%A0%E6%95%B8%E4%B9%98%E7%A9%8D%E4%B9%8B%E5%92%8C%E3%80%8B

殷海光

https://zh.wikipedia.org/wiki/%E6%AE%B7%E6%B5%B7%E5%85%89

愛迪生

https://zh-yue.wikipedia.org/wiki/%E6%84%9B%E8%BF%AA%E7%94%9F

威廉‧莎士比亞（英國劇作家、詩人）

https://baike.baidu.hk/item/%E5%A8%81%E5%BB%89%C2%B7%E8%8E%8E%E5%A3%AB%E6%AF%94%E4%BA%9E/975277

亞伯拉罕‧馬斯洛

https://zh.wikipedia.org/wiki/%E4%BA%9A%E4%BC%AF%E6%8B%89%E7%BD%95%C2%B7%E9%A9%AC%E6%96%AF%E6%B4%9B

馬斯洛需求層次理論

https://baike.baidu.hk/item/%E9%A6%AC%E6%96%AF%E6%B4%9B%E9%9C%80%E6%B1%82%E5%B1%A4%E6%AC%A1%E7%90%86%E8%AB%96/11036498

威廉‧貝弗里奇

https://baike.baidu.hk/item/%E5%A8%81%E5%BB%89%C2%B7%E8%B2%9D%E5%BC%97%E8%A3%8F%E5%A5%87/8749187

貝弗里奇

https://www.easyatm.com.tw/wiki/%E8%B2%9D%E5%BC%97%E8%A3%8F%E5%A5%87

智能客服機械人有什麼好處

https://kknews.cc/zh-hk/tech/zpr4on3.html

智能購物車給零售產業披上高科技的外衣_手機搜狐網

https://www.sohu.com/a/442610978_120809704

03

志存高遠

https://baike.baidu.com/item/%E5%BF%97%E5%AD%98%E9%AB%98%E8%BF%9C/4275939

激勵

https://wiki.mbalib.com/wiki/Portal:%E6%BF%80%E5%8A%B1/%E5%AE%9A%E4%B9%89

2021，成年人最好的生活狀態

https://mp.weixin.qq.com/s/ynb9EdyooD4eQBywFStCpA

T＆D飛訊第 177 期 員工激勵（陸洛）

http://web.ba.ntu.edu.tw/luolu/employee%20motiation.pdf

電視宣傳短片 - 希望在明天
https://www.isd.gov.hk/chi/tvapi/05_em141.html

R. Kelly - *I Believe I Can Fly*（*Space Jam*《怪物奇兵》插曲）
https://m.xuite.net/blog/craig.robin/jycrobin/10737945

人與人之間最大的差距，不是情商，不是智商，而是⋯⋯
https://mp.weixin.qq.com/s/GiAwqKS4hkNx1JvI-3gf7w

不確定的時代，企業如何激勵員工
https://medium.com/future-organization-lab-%E6%9C%AA%E4%BE%86%E7%B5%84%E7%B9%94%E5%
AF%A6%E9%A9%97%E5%AE%A4/%E4%B8%8D%E7%A2%BA%E5%AE%9A%E7%9A%84%E6%99%82%
E4%BB%A3-%E4%BC%81%E6%A5%AD%E5%A6%82%E4%BD%95%E6%BF%80%E5%8B%B5%E5%93%
A1%E5%B7%A5-1972919a3b9c

史記
https://zh.wikipedia.org/wiki/%E5%8F%B2%E8%AE%B0

司馬遷是懷著怎麼的目的撰寫的《史記》，他是如何寫出這部名著的
https://kknews.cc/history/en8gxvn.html

司馬遷：忍人所不能忍，為人之不能為，一位被後世敬仰的史學巨人
https://kknews.cc/history/63rbejv.html

西漢名將李陵——中國歷史上唯一值得同情的降將
https://zhuanlan.zhihu.com/p/139076587

【人力資源】如何設計 A+ 級的激勵制度
https://fgh778899456.pixnet.net/blog/post/45894584-%E3%80%90%E4%BA%BA%E5%8A%9B%E8%B3%8
7%E6%BA%90%E3%80%91%E5%A6%82%E4%BD%95%E8%A8%AD%E8%A8%88a%2b%E7%B4%9A%E
9%A4%84%E6%BF%80%E5%8B%B5%E5%88%B6%E5%BA%A6

有這樣的老闆真好！激勵員工、團隊士氣，領導者要做的 3 件事
https://www.managertoday.com.tw/books/view/54928

員工激勵沒有效果？看完這個案例你就懂了！
https://zhuanlan.zhihu.com/p/33331060

我的管理筆記——激勵員工的看法
http://blog.udn.com/mobile/UDN316/56339

我的驕傲 - 容祖兒（Joey Yung） 作詞：黃偉文 作曲：陳光榮
https://mojim.com/twy100233x18x22.htm

激勵制度在企業管理中的重要性
https://m.sohu.com/a/392966026_826134/?pvid=000115_3w_a

激勵員工的 3 個方法，阿里、華為都在用（純乾貨）
https://ek21.com/news/3/62402/

激勵員工無需胡蘿蔔與棍子
Motivating Employees Is Not About Carrots or Sticks
  https://www.hbrtaiwan.com/article_content_AR0007291.html

管理者的永恆難題：如何激勵員工？
  https://www.bbc.com/ukchina/trad/vert-cap-40430590

企業激勵機制存在的 4 個問題和 7 個誤區
  https://zhuanlan.zhihu.com/p/22429114

企業員工激勵管理機制存在的問題及對策
  https://m.xzbu.com/1/view-14818549.htm

04
什麼是「戰略」？什麼是「戰略思維」？
  https://kknews.cc/zh-hk/news/gakabyy.html

戰術
  https://baike.baidu.hk/item/%E6%88%B0%E8%A1%93/90326

戰略思考
  https://baike.baidu.hk/item/%E6%88%B0%E7%95%A5%E6%80%9D%E8%80%83/4181615

戰略思維
  https://wiki.mbalib.com/zh-tw/%E6%88%98%E7%95%A5%E6%80%9D%E7%BB%B4

戰略思維
  https://zh.wikipedia.org/wiki/%E6%88%B0%E7%95%A5%E6%80%9D%E7%B6%AD

戰略思維能力
  https://baike.baidu.hk/item/%E6%88%B0%E7%95%A5%E6%80%9D%E7%B6%AD%E8%83%BD%E5%8A
  %9B/8280853

科學
  https://zh.wikipedia.org/wiki/%E7%A7%91%E5%AD%A6

領導力
  https://zh.wikipedia.org/wiki/%E9%A0%98%E5%B0%8E%E5%8A%9B

領導者不是扮演一種角色就夠了！好主管該具備的 3 種領導風格
  https://www.managertoday.com.tw/articles/view/53866

領導角色
  https://baike.baidu.hk/item/%E9%A0%98%E5%B0%8E%E8%A7%92%E8%89%B2/2254143

領導者的重要任務：找齊 9 種角色，建立超強的團隊！｜經理人
  https://www.managertoday.com.tw/glossary/view/217

什麼是格局？

https://williamhu0829.pixnet.net/blog/post/332271181-%e4%bb%80%e9%ba%bc%e6%98%af%e6%a0%bc%e5%b1%80%ef%bc%9f

從十四五規劃和 2035 年遠景綱要看 2022 年自然基金申請選題

https://mp.weixin.qq.com/s/0osPUabV44OV-pKOUT8UHA

「十四五」規劃和 2035 年遠景目標綱要（全文）

https://www.guancha.cn/politics/2021_03_13_583945_s.shtml

「十四五」規劃

https://ls.chiculture.org.hk/tc/idea-aspect/636

【香港奇案】林過雲肢解 4 女子性器官做標本　法醫：沒當她們是人

https://www.hk01.com/%E7%86%B1%E7%88%86%E8%A9%B1%E9%A1%8C/142876/%E9%A6%99%E6%B8%AF%E5%A5%87%E6%A1%88-%E6%9E%97%E9%81%8E%E9%9B%B2%E8%82%A2%E8%A7%A34%E5%A5%B3%E5%AD%90%E6%80%A7%E5%99%A8%E5%AE%98%E5%81%9A%E6%A8%99%E6%9C%AC-%E6%B3%95%E9%86%AB-%E6%B2%92%E7%95%B6%E5%A5%B9%E5%80%91%E6%98%AF%E4%BA%BA
BA

我爸是李剛

https://baike.baidu.com/item/%E6%88%91%E7%88%B8%E6%98%AF%E6%9D%8E%E5%88%9A/5518946

【我爸是李剛】醉駕撞死人累爸爸被撤職　囂張「官二代」刑滿出獄落泊生活曝光

https://topick.hket.com/article/2529637/%E3%80%90%E6%88%91%E7%88%B8%E6%98%AF%E6%9D%8E%E5%89%9B%E3%80%91%E9%86%89%E9%A7%95%E6%92%9E%E6%AD%BB%E4%BA%BA%E7%B4%AF%E7%88%B8%E7%88%B8%E8%A2%AB%E6%92%A4%E8%81%B7%E3%80%80%E5%9B%82%E5%BC%B5%E3%80%8C%E5%AE%98%E4%BA%8C%E4%BB%A3%E3%80%8D%E5%88%91%E6%BB%BF%E5%87%BA%E7%8D%84%E8%90%BD%E6%B3%8A%E7%94%9F%E6%B4%BB%E6%9B%9D%E5%85%89

維京傳奇

https://zh.wikipedia.org/wiki/%E7%BB%B4%E4%BA%AC%E4%BC%A0%E5%A5%87

維京傳奇

https://baike.baidu.hk/item/%E7%B6%AD%E4%BA%AC%E5%82%B3%E5%A5%87/5188467

維京傳奇第三季

https://baike.baidu.hk/item/%E7%B6%AD%E4%BA%AC%E5%82%B3%E5%A5%87%E7%AC%AC%E4%B8%89%E5%AD%A3/16746683

用四維空間意識進行思維：戰略思維、創新思維

https://www.sohu.com/a/345962071_100302710

戰略思維暴露了你的層次與格局！（全文乾貨）

https://t.qianzhan.com/daka/detail/201115-7d168c57.html

孫子兵法

https://zh.wikipedia.org/wiki/%E5%AD%99%E5%AD%90%E5%85%B5%E6%B3%95

孫子兵法‧軍爭篇
https://baike.baidu.hk/item/%E5%AD%AB%E5%AD%90%E5%85%B5%E6%B3%95%C2%B7%E8%BB%8D%E7%88%AD%E7%AF%87/19831526

《孫子兵法》軍爭篇
https://m.gushiji.org/guwen/45

軍爭篇 第七
http://edba.ncl.edu.tw/ChijonTsai/sun/sun_07.htm

孫子兵法之軍爭篇（全文）
https://kknews.cc/zh-hk/history/aavykkx.html

中國整治娛樂圈 傳下波封殺李連杰、王力宏等歸化外籍藝人
https://www.cna.com.tw/amp/news/firstnews/202109040080.aspx

教育雙減是什麼意思？政策內容？教育雙減政策文件全文
http://m.mnw.cn/news/china/2503083.html

雙減是什麼意思
http://m.grfyw.com/wenda/html/?2588.html

房地產冷卻 惠譽降內地增長預測 料人行快再降準
https://m.orangenews.hk/details?recommendId=1124507

05
史上最講信用的五個人，你最佩服哪一個？
https://kknews.cc/zh-hk/history/6p8qr43.html

楊冪節目中大談「借錢論」，自曝不會借錢給朋友，卻獲網友點讚
https://www.sohu.com/a/409941697_605773

誠信為本——朋友之間一諾千金（上）
https://kknews.cc/zh-hk/history/l8vzl3g.html

名人通過努力獲得成功的故事，關於名人通過 堅持不懈地努力成功的事例
https://www.doyouknow.wiki/a/202103/202312.html

李時珍的故事那麼勵志，為什麼沒人學習他？因為我們有了新偶像
https://3g.163.com/dy/article/FQTU3FGC0543LFV6.html

李時珍與《本草綱目》
https://kknews.cc/news/oejpzk5.html

李時珍的故事，李時珍從小勤奮學習的故事
https://kknews.cc/zh-hk/history/95q4ne8.html

伯牙子期
https://baike.baidu.hk/item/%E4%BC%AF%E7%89%99%99%E5%AD%90%E6%9C%9F/6299945

伯牙子期：因你懂我，一次偶遇成知音；因我懂你，一生處處成就你
https://www.sohu.com/a/340132888_162926

23 位中外名人的臨終遺言，馬克思成亮點！
https://kknews.cc/culture/rebz3nr.html

莊子
https://baike.baidu.hk/item/%E8%8E%8A%E5%AD%90/8074

莊子
https://zh.wikipedia.org/wiki/%E5%BA%84%E5%AD%90

瓊瑤丈夫平鑫濤去世 安樂死再次引發思考
https://www.sohu.com/a/318594944_139908

06
感恩
https://baike.baidu.com/item/%E6%84%9F%E6%81%A9/138

感恩素材名人事例五則
https://www.lzwxt.com/zh-hk/lzgushi/zheli/353195.html

感恩的素材
https://zhuanlan.zhihu.com/p/399683497

「升米恩，斗米仇」，有些人幫再多，到頭來反而變成了「仇人」
https://min.news/essay/15d37e96b282764392544c2df6b3fb32.html

基督徒說「阿們」的意義
http://www.luke54.org/view/25/2358.html

溫斯頓‧丘吉爾（英國前首相）
https://baike.baidu.com/item/%E6%B8%A9%E6%96%AF%E9%A1%BF%C2%B7%E4%B8%98%E5%90%89
%E5%B0%94/187638

亞歷山大‧弗萊明
https://www.easyatm.com.tw/wiki/%E4%BA%9E%E6%AD%B7%E5%B1%B1%E5%A4%A7%C2%B7%E5%
BC%97%E8%90%8A%E6%98%8E

歷史上的今天 | 青黴素的發現者亞歷山大‧弗萊明逝世
https://www.sohu.com/a/455146121_120003965

黃家駒
https://zh.wikipedia.org/wiki/%E9%BB%83%E5%AE%B6%E9%A7%92

光輝歲月
https://www.kkbox.com/hk/tc/song/rDVQr209MTl4m9w34m9w30PL-index.html

納爾遜·羅利赫拉赫拉·曼德拉（南非前總統、南非國父）
https://baike.baidu.com/item/%E7%BA%B3%E5%B0%94%E9%80%8A%C2%B7%E7%BD%97%E5%88
%A9%E8%B5%AB%E6%8B%89%E8%B5%AB%E6%8B%89%C2%B7%E6%9B%BC%E5%BE%B7%E6%
8B%89/8769861

納爾遜·曼德拉
https://zh.wikipedia.org/wiki/%E7%BA%B3%E5%B0%94%E9%80%8A%C2%B7%E6%9B%BC%E5%BE%B7
%E6%8B%89

約瑟夫·史達林
https://zh.wikipedia.org/wiki/%E7%BA%A6%E7%91%9F%E5%A4%AB%C2%B7%E6%96%AF%E5%A4%A
7%E6%9E%97

約瑟夫·維薩里奧諾維奇·斯大林
https://baike.baidu.hk/item/%E7%B4%84%E7%91%9F%E5%A4%AB%C2%B7%E7%B6%AD%E8%96%A9
%E9%87%8C%E5%A5%A7%E8%AB%BE%E7%B6%AD%E5%A5%87%C2%B7%E6%96%AF%E5%A4%A7
%E6%9E%97/8676088

感恩節的意義是什麼 帶你了解感恩節的由來
https://read01.com/6zPM5k.html#.YXK3x9pBw2x

感恩節的意義
https://www.jianshu.com/p/64d44b265d64

美國人過感恩節的意義
https://view.ctee.com.tw/social/12895.html

15 件小事教孩子感恩
https://www.champimom.com/2018/06/01/15%E4%BB%B6%E5%B0%8F%E4%BA%8B%E6%95%99%E5%
AD%A9%E5%AD%90%E6%84%9F%E6%81%A9

周潤發為報恩拍這部片 不小心成經典
https://tw.news.yahoo.com/%E5%91%A8%E6%BD%A4%E7%99%BC%E7%82%BA%E5%A0%B1%E6%81%
A9%E6%8B%8D%E9%80%99%E9%83%A8%E7%89%87-%E4%B8%8D%E5%B0%8F%E5%BF%83%E6%88
%90%E7%B6%93%E5%85%B8-071504526.html

80 年代周潤發為報知遇之恩，拍了一部港片，卻不小心成了經典：懂感恩，路更寬
http://258lifetoo.com/doc_bUtZYjV5Y2k0ZS9rZ1NoT3o2Zk1OZz09/page2

人與自然：盤點現代史上三大水壩滑坡崩潰事件
https://www.bbc.com/zhongwen/trad/world-53518188

大躍進
https://zh.wikipedia.org/wiki/%E5%A4%A7%E8%B7%83%E8%BF%9B

建國 60 年的民間服飾變遷
http://en.chinaculture.org/focus/2009-08/31/content_345406.htm

孟晚舟事件
https://zh.wikipedia.org/wiki/%E5%AD%9F%E6%99%9A%E8%88%9F%E4%BA%8B%E4%BB%B6

「哪有什麼歲月靜好，不過是有人替你負重前行。」該句的原作者是？確切了解後回答
http://www.23cpc.com/ask/894050133.html

蘇心《哪有什麼歲月靜好，不過是有人替你負重前行》的分析報告
http://www.360doc.cn/article/4102591_890870482.html

前人栽樹，後人乘涼
https://baike.baidu.com/item/%E5%89%8D%E4%BA%BA%E6%A0%BD%E6%A0%91%EF%BC%8C%E5%90%8E%E4%BA%BA%E4%B9%98%E5%87%89/2072077

托起香港的「生命之源」
http://env.people.com.cn/BIG5/n1/2021/0422/c1010-32085012.html

東深供水工程
https://baike.baidu.com/item/%E4%B8%9C%E6%B7%B1%E4%BE%9B%E6%B0%B4%E5%B7%A5%E7%A8%8B/6489297

敢讓江水倒流 甘護清波南流──記香港供水生命線東深供水工程建設者群體
https://mp.weixin.qq.com/s/2TBcwH7pNzWdUSXYw58LQA

孫翠萍：《東深工程向香港供水的歷程與意義》
黨史研究與教學 2013 年第 1 期
http://www.cnki.com.cn/Article/CJFDTOTAL-DSYJ201301011.htm

東深供水工程：一泓東江水 五十餘載粵港情
http://env.people.com.cn/BIG5/n1/2021/0421/c1010-32083938.html

水務署 - 東江水
https://www.wsd.gov.hk/tc/core-businesses/water-resources/dongjiang-water/index.html

詞條名稱：飲水思源
https://pedia.cloud.edu.tw/Entry/Detail/?title=%E9%A3%B2%E6%B0%B4%E6%80%9D%E6%BA%90

飲水思源
https://baike.baidu.hk/item/%E9%A3%B2%E6%B0%B4%E6%80%9D%E6%BA%90/3214

附
錄
2

偷偷告訴你 打破舒適圈的秘密

作者　笨豬跳跳 520

編輯　青森文化編輯組

內頁設計　VN Chan

封面設計　4res

出版　紅出版（青森文化）

地址　香港灣仔道 133 號卓凌中心 11 樓

出版計劃查詢電話　(852) 2540 7517

電郵　editor@red-publish.com

網址　http://www.red-publish.com

香港總經銷　聯合新零售（香港）有限公司

台灣總經銷　貿騰發賣股份有限公司

地址　新北市中和區立德街 136 號 6 樓

電話　(886) 2-8227-5988

網址　http://www.namode.com

出版日期　2021 年 12 月

上架建議　散文/ 心理勵志

ISBN　978-988-8743-69-8

定價　港幣 98 元正/ 新台幣 390 圓正